Rainer Kottmann

Herman Lehmann – Ein deutscher Apache und Comanche

Die Geschichte des von Indianern entführten Jungen, der am Ende einer von ihnen wurde

Rainer Kottmann

HERMAN LEHMANN
Ein deutscher Apache und Comanche

Die Geschichte des
von Indianern entführten Jungen,
der am Ende einer von ihnen wurde

Bibliografische Informationen der Deutschen Nationalbibliothek
Die Deutsche Nationalbibliothek verzeichnet diese Publikation in der Deutschen Nationalbibliografie; detaillierte bibliografische Daten sind im Internet über http://dnb.d-nb.de abrufbar.

ISBN: 978-3-86408-275-7

Grafisches Gesamtkonzept, Titelgestaltung, Satz und Layout: Darius Samek

Bildnachweis vordere Klappe: University of Texas at San Antonio (UTSA), Special Collections: 077-0363

Für meinen Vater
Henry Kottmann

Selbst als er bereits seit vielen Jahre wieder bei den Weißen lebte, zeigte sich Herman Lehmann bei feierlichen Anlässen gern als Indianer. Das Bild wurde vermutlich 1929 bei der Feier zum 75. Jahrestag von Comfort in Texas aufgenommen.

INHALT

Einleitung

„Herman, der Apache – Ein Deutscher unter Indianern" lautete der Titel einer populärwissenschaftlichen TV-Sendung, der mich neugierig machte.[1] Konnte sich dahinter etwas Seriöses verbergen? Offensichtlich versuchte man, mit allen Mitteln die Aufmerksamkeit der Zuschauer zu gewinnen. Trotzdem war meine Neugier geweckt. Wie sich herausstellte, ging es um die Lebensgeschichte von Herman Lehmann, die mich nicht mehr losließ. Ich recherchierte zu dem Thema, entdeckte seine Aufzeichnungen und beschloss, über dieses tatsächlich außergewöhnliche Leben des Hermann Lehmann zu schreiben.

Lehmann war der Sohn deutscher Auswanderer nach Texas und wurde dort 1870 kurz vor seinem 11. Geburtstag von Apachen entführt. Nachdem er die ersten Qualen seiner gewaltsamen Entführung offenbar überstanden hatte, wurde er von dem Stamm adoptiert und in das Leben der Kriegergesellschaft eingeführt. Er teilte ihr Leben und überfiel mit ihnen Farmen und Siedlungen. Dabei raubten sie, was sie brauchen konnten, töteten und skalpierten ihre Feinde, die vor allem Weiße waren. Einige Jahre später kam es allerdings zu einer stammesinternen Fehde unter den Indianern – und Lehmann verließ die Apachen, denn er fürchtete ihre Rache. Nachdem er fast ein Jahr allein in der Wildnis verbracht hatte, schloss er sich einer Comanchengruppe an. Auch sie nahmen ihn in ihren Stamm auf. Als die Comanchen von der Regierung der USA gezwungen wurden, auf der Reservation zu leben, entdeckten die Soldaten, dass es sich bei Lehmann um einen Weißen handelt. Schließlich machte man seine Familie ausfindig und bewegte ihn dazu, zu ihr zurückzukehren. So traf er viele Jahre nach seiner Entführung seine Eltern und Geschwister wieder. Doch weil die erneute Integration in die Gesellschaft der Weißen ihm große Mühe bereitete, fand er sich immer wieder zu längeren Aufenthalten bei seinen indianischen Freunden auf der Reservation ein.

Lehmanns Erinnerungen wurden 1927 unter dem Titel „Nine years among the Indians, 1870–1879. The story of the captivity and life of a Texan among the Indians" publiziert. Während derartige Entführungsgeschichten hierzulande kaum wahr genommen wurden, sind sie in den USA, wo Entführungen durch Indianer fast bis zum Ende des 19. Jahrhundert vorkamen, entsprechend verbreitet. Obwohl von unterschiedlicher Qualität waren diese Berichte bei den Lesern allgemein sehr beliebt, da sie ihnen eine Vorstellung und ein mehr oder weniger authentisches Bild vom Leben innerhalb einzelner Indianerstämme vermittelten. Zudem galt es zu jener Zeit, als die westlichen Grenzgebiete noch nicht völlig befriedet waren, als realistische Gefahr, selbst Opfer eines Indianerüberfalls, entführt oder sogar getötet und skalpiert zu werden.

Wodurch zeichnet sich Lehmanns Bericht aus? Von vielen wird er als Zeugnis geschätzt, das ein realistisches Bild vom Leben der Apachen und Comanchen in der zweiten Hälfte des

19. Jahrhundert vermittelt. So behauptet Dale F. Giese, Professor an der Western New Mexico University: „Die meisten Historiker sind sich einig, dass ‚Nine years among the Indians, 1870–1879' [...] von Herman Lehmann einer der besten jemals veröffentlichten Gefangenschaftsberichte über die Apachen und Comanchen ist."[2] Und er fügt hinzu, dass er selbst über 20 Jahre diesen Bericht in seinen Universitätsklassen als Primärquelle zu dem Leben der Plainsindianer benutzt habe.[3] Dieser positiven Einschätzung kann ich mich anschließen, selbst wenn es an der einen oder anderen Stelle Übertreibungen oder gewisse historische Ungenauigkeiten geben mag.

Hervorzuheben ist Lehmanns Bemühen um eine ausgewogene Darstellung. Auch wenn er grausame Handlungsweisen der Indianer schildert, vermeidet er es, sie in in klischeehaften Abziehbildern zu dämonisieren. Vielmehr erklärt er diese Taten aus der inneren Logik der Stammesgesellschaft und zeigt die Handelnden zudem als individuelle Menschen. Als diese erleben wir sie mit all ihren Schwächen und Fehlern, mit ihren Vorlieben, ihrem Humor, aber eben auch mit ihrer Feindseligkeit und Grausamkeit. Sie werden weder romantisch als „edle Rothaut" verklärt, noch als „unzivilisierte Wilde" verteufelt.

Deshalb und weil es hier um ein in seiner Komplexität in Europa vergleichsweise wenig bekanntes Detail der amerikanischen Geschichte geht, sind Lehmanns Aufzeichnungen auch heute noch von Interesse. Diese Erinnerungen können unser Indianerbild ein wenig zurecht rücken – auch wenn sie keinen wissenschaftlichen Standards genügen. Die Darstellung nordamerikanischer Indianer im Film als „rote Teufel" änderte sich erst allmählich ab den 50er Jahren des letzten Jahrhunderts. Schließlich setzte sogar ein Prozess der Idealisierung ein und man stilisierte sie zu Vorläufern der Umweltbewegung. Weil die unmittelbar gelebte Spiritualität wohl aller amerikanischen Indigenen sehr stark mit der sie umgebenden Natur verknüpft ist, sahen manche in ihnen sogar eine Art von „Öko-Heiligen". Diese Betrachtungsweisen geben jedoch vor allem die Bedürfnisse eines „zivilisierten", aufgeklärten und in einer kapitalistischen Welt lebenden Personenkreises wieder und bilden allenfalls einen Ausschnitt der Realität ab.

So mussten Indianer oftmals als Projektionsfläche eigener Sehnsüchte und Träume herhalten. Je stärker sich aufgeklärte und emanzipierte Menschen der westlichen Moderne vom Korsett einengender Traditionen befreit sahen, suchten viele doch wieder den Halt traditionellen Lebens in einer vermeintlich „primitiven" Welt. Und je entfernter diese in geografischer oder historischer Hinsicht lag und je schneller die eigene sichere Komfortzone wieder zu erreichen war, desto leichter konnte das gelingen. Doch derartige „zivilisationsmüde" Träumereien haben nur wenig mit dem zum Teil schonungslosen Realismus bei Lehmann zu tun.

Er beschreibt nicht nur die ambivalenten Erfahrungen und abenteuerlichen Erlebnisse eines entführten weißen Jungen sehr plastisch, sondern schildert den harten Überlebensalltag bei Apachen und Comanchen. Immer wieder werden wir mit dem Kampf um Ressourcen konfrontiert, den Auseinandersetzungen mit anderen Stämmen und dem spannungsreichen Kontakt zu den Mexikanern, schließlich mit dem Überlebenskampf gegen die immer zahlreicher werdenden Weißen. Aber auch das soziale Leben, die religiösen Bräuche und die Rolle der Frau kommen zur Sprache.

Dieser Augenzeugenbericht vermittelt authentische und aufschlussreiche Innenansichten einer Kultur, auch wenn manches einem idealisierten Indianerbild zuwiderlaufen mag. Am Ende sehen wir, welche Schwierigkeiten Lehmann nach seiner „Befreiung" aus dem Indianerleben in der weißen Gesellschaft begegnen.

Die von J. Marvin Hunter herausgegebene Fassung von 1927 war bereits die zweite Version von Lehmanns Lebensgeschichte. Mit der ersten aus dem Jahr 1899 unter dem Titel „A condensed History of the Apache and Comanche Indian Tribes" war dieser nicht zufrieden. Er war der Ansicht, dass sich der Herausgeber Jonathan J. Jones dabei zu viele Freiheiten herausgenommen hätte. In beiden Fällen hatte Lehmann den Herausgebern seine Geschichte erzählt, die sie dann für ihn zu Papier brachten.

So ist es nicht verwunderlich, dass es zwischen den beiden Versionen einige Widersprüche gibt. Man darf nicht vergessen, dass bei der ersten Veröffentlichung die Entführung bereits 29 Jahre zurück lag, und bei Publikation des zweiten Berichts waren es sogar 57 Jahre. Zweifelsohne lassen einen nach so einem langen Zeitraum die Erinnerungen im einen oder anderen Punkt schon mal im Stich. Und so wie wir uns im Laufe der Jahre selbst verändern, können sich nun mal auch unsere Erinnerungen und das Bild, das wir uns von unserem vergangenen Leben gemacht haben, ändern.

Dieses Buch orientiert sich überwiegend an der zweiten, 1927 überarbeiteten Version. Diese Fassung ist auch heute noch in verschiedenen Ausgaben im Handel erhältlich und gilt im Vergleich zur ersten als vertrauenswürdiger. Hin und wieder wurden ergänzende Hinweise aus der ersten Publikation berücksichtigt, sei es wegen den dort wiedergegebenen Aussagen von Familienmitgliedern oder der lebendigen anschaulichen Beschreibung einzelner Episoden. Auf einige besonders auffallende Unterschiede zwischen den beiden Versionen werde ich im Schluss eingehen.

Vor allem zwei weiteren Büchern verdanke ich wichtige Anregungen. Das eine Buch gibt die Sichtweise von Chevato, einen von Lehmanns Entführern, wieder (Chevato: the story of the Apache warrior who captured Herman Lehmann). Chevatos Enkel William Chebahtah sprach mit der Historikern Nancy McGown Minor über die Erinnerungen seines Großvaters, die innerhalb der Familie weiter gegeben wurden. Sie werfen ein neues, anderes Licht auf Lehmanns Darstellung.

Wertvolle Hinweise erhielt ich außerdem von Scott Zesch, der sich in einem Buch mit einem seiner Vorfahren, Adolph Korn, beschäftigt (The Captured: A True Story of Abduction by Indians on the Texas Frontier). Wie Lehmann wurde der gleichaltrige Junge 1870 in Texas von Indianern entführt.

Dessen Schicksal wie auch einige andere Entführungsbeispiele mögen am Ende des Buches verdeutlichen, wie individuell jeder einzelne Fall war, selbst wenn sich gewisse Muster wiederholten.

Um Lehmanns Erfahrungen während seiner Zeit bei Apachen und Comanchen besser einordnen zu können, geben zwei Exkurse weitere Informationen zu diesen beiden Stämmen. Die Stammesidentität, Geschichte, Wirtschaftsweise und das Wesen ihrer politischen Führung werden näher beleuchtet. Einige ihrer bedeutenden Anführer werden vorgestellt und die Entwicklung bis ins frühe 20. Jahrhundert angedeutet. In diesem Rahmen kann natürlich nur eine Darstellung in groben Zügen erfolgen.

Bevor wir zu Lehmanns Geschichte kommen, werfe ich zunächst einen kurzen Blick auf die deutsche Auswanderung nach Texas Mitte des 19. Jahrhundert. Im Anschluss an die beiden Kapitel, die Lehmanns Zeit bei Apachen und Comanchen zum Thema haben, folgt die Beschreibung der Rückkehr zu seiner weißen Familie, gegen die er sich vehement gesträubt hatte.

Ich danke meiner Frau Kathi für ihre Unterstützung an dieser Arbeit. Sie hat den gesamten Prozess begleitet und war mir eine große Hilfe. Außerdem danke ich Herrn Dietrich Gerhardt und Frau Gabriele Schulte-Sasse, dass sie Teile des Manuskripts gelesen haben und mir wichtige Hinweise geben konnten. Die englischsprachigen Originalzitate wurden vom Autor ins Deutsche übertragen.

1 Die Vorgeschichte

Der Ruf in die neue Welt

Während anfangs vor allem religiöse Minderheiten aus den deutschsprachigen Gebieten in die neue Welt auswanderten, spielten in der ersten Hälfte des 19. Jahrhundert zunehmend politische und wirtschaftliche Motive eine Rolle.[4] In ganz Europa wuchs die Bevölkerung, ohne dass es ausreichende Beschäftigungsmöglichkeiten gab. Auch wurden die Rufe nach politischen Veränderungen lauter, die durch die Ergebnisse des Wiener Kongresses von 1814/15 enttäuscht worden waren. So entwickelte sich die junge Demokratie im fernen Amerika, wo es keine Adelsprivilegien und Standesgrenzen mehr gab, für viele zu einem verlockenden Ziel.

Bereits 1833 gab es mit der „Gießener Auswanderungs-Gesellschaft" den ersten gezielten Versuch in den USA einen deutschen Staat oder eine Kolonie im Bundesstaat Missouri zu gründen.[5] Diese sogenannten „Dreißiger" scheiterten zwar an den Realitäten vor Ort, doch ihre Briefe und Berichte in die deutsche Heimat ließen bald neue Organisationen entstehen, die die deutsche Auswanderung nach Nordamerika vorantrieben.[6]

Eine Sonderrolle sollte dabei Texas spielen, wo es einem späteren Projekt gelang, einigen Tausend Deutschen zu einer neuen Heimat zu verhelfen. Die Rede ist von dem 1842 ins Leben gerufenen „Verein zum Schutze deutscher Einwanderer in Texas", später einfach „Mainzer Adelsverein" genannt. Er hatte sich ebenfalls der Vision eines deutschen Staates in der Neuen Welt verschrieben und bestand aus Vertretern aristokratischer Kreise mit demokratischer Gesinnung.[7] Diese wollten Land für Auswanderer erwerben, um damit ein Zeichen gegen die Verarmung der unteren Schichten zu setzen. Gleichzeitig hofften sie, neue Absatzmöglichkeiten für die heimische Industrie entwickeln zu können.[8]

Texas, bis 1836 noch Teil von Mexiko und nun ein souveräner Staat, erlebte nach der Unabhängigkeit einen wachsenden Zustrom deutscher Zuwanderer.[9] Auch der „Adelsverein" entschied sich für Texas, da befürchtet wurde, die politischen Verhältnisse in den USA wären bereits zu verfestigt und die Hindernisse für ihre Pläne könnten dort zu groß sein.[10] Die größten und bedeutendsten Stadtgründungen, die aus den Aktivitäten des Adelsvereins hervorgingen, waren New Braunfels und Fredericksburg.[11] Doch als New Braunfels im Frühjahr 1845 gegründet wurde, war die „Republik Texas" bereits schon wieder Geschichte und der Beitritt zu den Vereinigten Staaten beschlossene Sache.

Nachdem die zumeist aus Bremen kommenden Schiffe auf der Insel Galveston im Golf von Mexiko eingetroffen waren, gestaltete sich der Weitertransport der Ankömmlinge ins Landesinnere äußerst mühevoll. Es breiteten sich Krankheiten aus, an denen viele starben, zudem konnte der Verein seine Zusagen nicht einhalten, denn er hatte sich finanziell übernommen und die Kosten falsch eingeschätzt. So reichten die vorhandenen Mittel weder für die Verpflegung noch für den Landwirtschaftsbedarf oder das notwendige Werkzeug.

Außerdem hatte man noch etwas anderes, aber entscheidendes, übersehen. Bei dem erworbenen Land für die Siedler, dem sogenannten Fisher-Miller Grant, war nicht berücksichtigt worden, dass dieses Territorium zum Jagdgebiet der Comanchen gehörte. Erst der zweite Generalkommissar des Vereins vor Ort, Otfried Hans Freiherr von Meusebach, der sich später in den USA John O. Meusebach nannte, stellte sich diesem Versäumnis und suchte den direkten Kontakt zu den Comanchen. Er gewann das Vertrauen der wichtigsten Anführer und konnte mit ihnen einen Vertrag aushandeln, der die Sicherheit der neuen Siedler garantierte. Im Gegenzug versprach er den Indianern Warengeschenke und die Abnahme von Fellen und Lebensmitteln im Austausch für andere Güter.[12]

Dieses im Jahre 1847 zwischen dem Adelsverein und den Comanchen ausgehandelte Abkommen ist der einzige Vertrag zwischen Amerikanern und „Native Americans“, der Bestand hatte.[13] Abgesehen von vereinzelten Übergriffen abtrünniger Krieger, blieben die Comanchen überwiegend friedlich, so lange einer ihrer wichtigsten Anführer, Santa Anna, am Leben war. Nach seinem Tod 1848 wurde die Freundschaft allerdings unzuverlässiger. Dennoch, trotz einzelner Zwischenfälle, sollen die deutschen Pioniere im Westen von Texas weniger gelitten haben als andere Siedler in Nebraska, Minnesota oder Dakota, was diesem Friedensvertrag zuzuschreiben war.[14] Noch heute begehen jährlich Nachkommen der deutschen Siedler gemeinsam mit Vertretern der Comanchen in Fredericksburg am 2. Samstag im Mai den „Founder's Day", um den ungebrochenen Vertrag und ihre Freundschaft mit einem Fest zu feiern.[15]

Zwischen 1844 und 1846 ermöglichte der „Mainzer Adelsverein" insgesamt 7380 Deutschen die Einreise und Einwanderung in die Republik bzw. den US-Bundesstaat Texas.[16] Unter ihnen befanden sich auch die Familien der Eltern von Herman Lehmann. Im Jahr 1846 kamen die Aktivitäten des Vereins allerdings zum Erliegen, da er bankrott war.[17] Die nächste Welle der politisch Enttäuschten nach der missglückten Revolution von 1848 musste andere Wege finden, um in das „gelobte Land" zu kommen.

Das Leben in Texas

Die aus Preußen stammenden Eltern von Herman Lehmann lernten sich erst in Texas kennen und gehörten zu jenen Familien, die in den 1840er-Jahren mit Hilfe des Adelsvereins 1846 in die Neue Welt kamen. Die Familie der Mutter, Augusta, damals noch ein 13-jähriges Mädchen, kam am 22. Dezember 1846 mit einem Schiff aus Bremen in Galveston an. Die anstrengende Überfahrt soll Lehmanns Großmutter nicht überlebt haben.

Die 13-jährige Augusta übernahm von da an die mütterlichen Pflichten und kümmerte sich um ihre vier kleineren Geschwister. Herman Lehmanns Vater erreichte Texas mit seiner Familie schon einige Wochen früher. Im September 1849 heirateten die beiden.[18]

Nach ihrer Heirat lebte das Ehepaar in Squaw Creek, etwa 25 Meilen nordwestlich von Fredericksburg. Als mittleres von insgesamt sieben Kindern wurde dort am 5. Juni 1859 ihr Sohn Herman geboren. Als der Vater nach einer Erkrankung verstarb, vermutlich schon 1862, hatte Hermans Mutter mit ihrer Feldarbeit bereits die Rolle des Familienernährers übernommen.

Einige Jahre später, die Quellen machen dazu verschiedene Angaben, heiratete sie den Steinmetz Philip Buchmeier (oder auch Buchmier) und bekam mit ihm sechs weitere Kinder. Auf ihrer abseits gelegenen Farm, die mehrere Meilen entfernt von der einzigen Straße zwischen Fredericksburg und Fort Mason lag, fanden sich nur selten Besucher ein. In dieser Einsamkeit führten die Lehmann-Kinder das übliche Leben an der Grenze des weißen Siedlungsgebietes. Es gab keine Schule in erreichbarer Nähe und auch auf Nachbarskinder zum Spielen mussten sie verzichten. Dafür stand ihnen die ganze Welt ihrer Umgebung mit ihren Bächen, Felsen und Hügeln zur freien Verfügung.

An diese Zeit, als innerhalb der Familie nur Deutsch gesprochen wurde, erinnerte sich Herman Lehmann später und bemerkte: „Ich konnte nicht Englisch sprechen und ging nie zur Schule. Ich war nie in der Kirche oder in der Sonntagsschule und ich sah nur sehr wenig Menschen, und wenn Besucher zu uns kamen, rannte ich weg und versteckte mich. So verbrachte ich die ersten elf Jahre meines Lebens."[19] Doch im Mai 1870, kurz vor seinem 11. Geburtstag, sollte sich sein Leben von einem Moment zum anderen komplett ändern.

2 Bei den Apachen

Die Entführung

Mit drei seiner Geschwister sollte Herman im Weizenfeld ihrer Farm die Vögel verscheuchen: Herman, der Älteste, war fast elf Jahre alt, sein drei Jahre jüngerer Bruder Willie, seine kleine Schwester Caroline und die Jüngste war ein etwa 2-jähriges Kleinkind. Wie aus dem Nichts tauchten vor ihnen plötzlich die furchterregend bemalten Gesichter von Indianern auf. Wie sich später herausstellen sollte, handelte es sich um Mescalero-Apachen.

Lehmann beschrieb es später in seinen Erinnerungen: „Wir setzten uns auf die Weide, um zu spielen, und merkten sofort, dass wir von Indianern umringt waren. [...] Willie erwischten sie gleich dort, wo wir saßen. Caroline rannte zum Haus, ließ das Baby zurück und die Indianer schossen mehrmals nach ihr [...]."[20]

Sie stürzte und die Indianer beachteten sie nicht weiter. Caroline war allerdings unverletzt geblieben und verlor vermutlich einfach vor Angst das Bewusstsein. Willie wurde sofort ergriffen. Herman versuchte wegzulaufen, wurde verfolgt und von dem Anführer der Gruppe, Carnoviste, erwischt. Zusammen mit einem anderen Indianer, Chiwat, brach er mit Schlägen und Würgen den Widerstand des Jungen. Sie rissen ihm die Kleidung vom Leib und fesselten ihn. Beide Jungen wurden nackt auf ein Pferd gebunden und dann verschwanden die Apachen schnellstmöglich mit ihnen.

Nachdem die Gruppe unterwegs mehrere Pferde gestohlen hatte, trennte sie sich in zwei kleinere und Herman blieb mit einigen Kriegern bei Carnoviste. Es dauerte nicht lang und sein Entführer konfrontierte ihn mit einigen ihm ungewohnten Bräuchen der Apachen. Die Indianer entdeckten ein Kalb, das sie zu Fall brachten und töteten. Carnoviste öffnete seinen Magen und machte sich mit sichtbaren Genuss über die darin enthaltene saure Milch her.

Herman ertrug es nicht, sich das anzuschauen: „Mulmig zumute, wandte ich mich angewidert ab." Als Herman aufgefordert wurde, auch davon zu trinken, versuchte er, dem Indianer klar zu machen, dass er es nicht könne. „Er packte mich und drückte meinen Kopf in den Bauch des Kalbs und rieb dieses ekelerregende Zeug über mein ganzes Gesicht, in meine Augen, in meine Nase, in meine Ohren und stopfte etwas in meinen Hals."[21]

Doch Hermans Magen rebellierte und er musste sich erbrechen. Schließlich schnitt Carnoviste Leber und Nieren aus dem toten Tier heraus und nötigte den Jungen, davon zu essen. Wieder konnte Herman die ungewohnte Nahrung nicht bei sich behalten und übergab sich. Daraufhin sammelte Carnoviste das

Erbrochene und gab es ihm erneut – mit dem gleichen Resultat. Nun weichte Carnoviste alles in das noch warme Blut ein und reichte es ihm nochmals. Das Blut schien Hermans Magen zu beruhigen, er behielt die ungewohnte Kost nun bei sich.

Als die beiden Gruppen wieder zusammentrafen, hatten die Indianer in der Zwischenzeit weitere Pferde gestohlen. An einem kleinen Bach wuschen sie die Wunden der Jungen und trugen ihnen Farben auf, wie sie für ihren Stamm üblich waren. Am 5. Tag nach der Entführung beobachteten die Apachen eine Gruppe von Texas Rangers, von der sie selbst jedoch nicht bemerkt wurden. Weil diese Polizeitruppe als besonders hartnäckig galt und bei den Indianern gefürchtet war, zogen sie sich schnell zurück. Ein Indianer war bisher neben Willies Pferd gelaufen und sprang bei dem Rückzug zu ihm hinauf. Als das Pferd müde wurde, schubste er Willie einfach herunter. Der merkte, dass sich in dieser Situation niemand um ihn kümmerte und nutzte die Gelegenheit zur Flucht.

Er fand sich in einem Nirgendwo mit dichten Sträuchern wieder und machte sich auf den Weg. Aus Angst vor gefährlichen Tieren suchte er Schutz auf einem Baum, auf dem er lange ausharrte. Zwei Nächte verbrachte er völlig allein in der Wildnis. Eine Schlucht, der er gefolgt war, führte ihn schließlich zu der Straße, die von der Postkutsche benutzt wurde. Mittlerweile fühlte er sich so schwach, dass er nur wenige Schritte ohne Pause gehen konnte.

Mit einem Reiter, der ihm entgegen kam, konnte er sich nicht verständigen, weil der nur Englisch sprach. Doch kurz darauf begegnete er einem deutschen Frachtwagenfahrer, der

Willies Situation endlich erkannte. Sie umarmten sich und vor Freude kamen ihnen die Tränen. Er brachte Willie schließlich auf Umwegen nach Hause, wo er neun Tage nach der Entführung wieder glücklich bei seinen Eltern und Geschwistern eintraf. Willie Lehmann notierte später: „Ich kenne den Namen des Mannes nicht, der mich aufgelesen hat und weiß auch nicht, wo er lebt, aber ich würde mich gern mit ihm treffen." Und zu den Apachen bemerkte er: „Während meiner Zeit mit den Indianern wurde ich nie geschlagen oder ausgepeitscht und abgesehen von der Angst, dem Hunger und den anstrengenden Ritten wurde ich gut behandelt."[22] Herman aber wusste nichts davon. Er machte sich große Sorgen um seinen Bruder, nachdem er nicht wieder auftauchte und fürchtete, die Indianer hätten ihn erschossen.

Da sie auf ihrer Flucht die gestohlenen Pferde verloren hatten, wollten die Indianer diesen Verlust in einer nahen Siedlung ersetzen. Die Krieger Chiwat und Pinero sollten Herman inzwischen in ihr Hauptlager bringen. Drei Tage ritten sie durch, ohne eine Pause für Schlafen, Essen oder Trinken einzulegen. Erst am dritten Abend rasteten sie und Chiwat lockerte Hermans Fesseln ein klein wenig. Diese Gelegenheit nutzte er, um unbemerkt im Dunkeln zu einer Wasserstelle zu entweichen. Er dachte an Flucht, doch zweifelte er daran, den Weg zu seiner Familie zu finden, und so kehrte er zu den beiden Indianern zurück, nachdem er seinen größten Durst gelöscht hatte. Um ihm nicht wieder eine Gelegenheit zum Fliehen zu geben, fesselten die Indianer ihn am folgenden Abend besonders eng. Sie banden Herman an eine Stange und legten sie auf zwei fest in den Boden gesteckte Gabelstöcke. Er hing jetzt wie ein Spanferkel am Grill. „Ich war so nahe am Boden, dass meine Brust kaum den Sand berührte, und der geringste Druck hätte die Schnüre tief in mein Fleisch geschnitten."[23] Zudem legten sie auf seinen Rücken einen schweren Stein, so dass sein Gesicht in den Sand gedrückt wurde.

Auf diese Weise verbrachte er die Nacht und als er am Morgen völlig steif aus seiner Lage befreit wurde, floss das Blut aus seinen offenen Wunden. In den folgenden Nächten blieb ihm diese Qual erspart. Dass ihn mit einem der beiden Indianer, Chiwat, später eine lebenslange Freundschaft verbinden sollte, hätte sich Herman Lehmann zu diesem Zeitpunkt nicht vorstellen können.

Als sie endlich in die Nähe des Apachenlagers kamen, trieben die beiden Indianer ihre Pferde an. „Wir kamen bald zu einem Indianerdorf, das irgendwo in der Nähe der Grenze zu New Mexico an einem wunderschönen See lag. Schreie, Rufe und verschiedene Geräusche begrüßten unsere Ohren, als die Indianer uns entgegen schwärmten. In dem Dorf müssen 2500 Wilde gelebt haben."[24] Die Frauen und Kinder, die auf ihn einstürmten, machten ein so lautes Geschrei, dass er es mit der Angst bekam.

Schließlich stieß ihn eine alte Frau vom Pferd, warf ihn um und schlug ihn. Kurz darauf erschien ein alter Mann und schnitt ihm die Haare. Herman blieb nichts anderes übrig, als alles geduldig zu ertragen, in Ungewissheit, ob er die nächsten Stunden überleben würde. Ein anderer kam und brannte ihm mit einem heißen Eisen ein Loch ins Ohr, durch das er eine

Schnur aus Wildleder zog. Diese Prozedur wiederholte er am anderen Ohr. Dann wurden Herman mit einer heißen Eisenstange große Löcher in die Arme gebrannt. Er wehrte sich, kämpfte und boxte, aber sie schlugen auf ihn ein und brannten ihn, bis er die Schmerzen nicht mehr ertrug. „Ich wollte sterben. Ich war arm, schwach und matt und ich wurde sehr krank; alles wurde schwarz und ich fiel nieder und blieb still liegen. Wie lange ich dort lag, weiß ich nicht [...]."[25]

Dabei konnte Herman von Glück sagen, dass er den Apachen als Kind in die Hände fiel und nicht als Erwachsener, denn Männer wurden bei einem Überfall auf der Stelle getötet. Sie gefangen zu nehmen, schien zu gefährlich und von dieser Regel machten die Apachen nur eine Ausnahme. Bei einem Rachefeldzug für getötete Stammesgenossen ließ man einzelne Gefangene am Leben, nahm sie mit ins Lager und gab den Verwandten die Gelegenheit sich zu rächen. Meist wurden sie dann zu den trauernden Frauen gebracht, die sie dann aus Rache für den erlittenen Verlust foltern und töten durften.[26]

Aber Herman und sein Bruder Willie wurden von den Apachen gezielt ausgewählt, weil sie als Jungen zu den begehrtesten Entführungsopfern zählten. Waren sie in den Stamm aufgenommen, konnten sie auf lange Sicht dessen Kampfkraft stärken und bei der Versorgung der Gruppe helfen. Dagegen hielten sich die Vorteile entführter Mädchen in Grenzen. Zwar halfen sie bei der Organisation des Lageralltags, doch bei ihrer Verheiratung war nur ein geringer Brautpreis zu erwarten.[27]

Hermans Verwandlung zum Apachen

Als Herman sein Bewusstsein wieder erlangte, schienen seine Qualen überstanden und er bemerkte, wie er von Indianern gewaschen wurde. Gesäubert und eingeölt fühlte er sich schon besser. Man bot ihm verschiedene Lebensmittel zum Essen an, von denen er wählen sollte. Auf der einen Seite fand er Nahrung, die auch von Weißen geschätzt wurde, wie Brot und gebratenes Fleisch. Auf der anderen Seite lag rohes Fleisch. Herman traf instinktiv die richtige Entscheidung und nahm entgegen seinem natürlichen Impuls von dem rohen Fleisch, was den Apachen so sehr gefiel, dass sie ihn dafür sogleich freudig tätschelten. Lehmann vermutet, dass eine andere Wahl sein Leben sicher schwerer gemacht hätte.

In den nächsten Tagen und Wochen wurde Lehmann mit dem Leben im Apachenlager vertrauter. Zwar musste er im Dorf allerlei Arbeiten erledigen, aber er durfte auch mit den anderen Jungen spielen und kämpfen. Eine Squaw fertigte für ihn eine Wildlederjacke, Mokassins und eine Kappe an, womit er sich zumindest rein äußerlich kaum noch von den Indianern unterschied. Carnoviste, der Herman gefangen hatte, war der Häuptling des Apachenlagers und durfte, wie es bei ihnen Brauch war, seine Beute behalten.[28] Herman erhielt von ihm den Namen „En Da" („Weißer Junge") und galt nun als sein Sohn. Seine Frau „Laughing Eyes" behandelte ihn wie ihr eigenes Kind und Lehmann dachte später mit großer Zuneigung an sie zurück:

„Später, als ihr Baby, Straight Bow, geboren wurde, hörte sie nicht auf, mir ihre mütterliche Zuneigung zu schenken, und als sie ein Jahr später starb, spürte ich, dass ich meinen besten Freund unter den Indianern verloren hatte."[29]

Obwohl Lehmann sich mehr und mehr in seiner neuen Umgebung einlebte, holte ihn seine traurige, ausweglose Situation ein. Man hatte ihm eine Pferdeherde anvertraut, die er zu einer etwas vom Lager entfernten Wasserstelle führen sollte. Mit sich allein fiel sein Blick auf die blauen Berge in der Ferne und die Tränen flossen über sein Gesicht. „Während ich körperlich, obwohl etwas schorfig von den jüngsten Wunden, vergleichsweise entspannt war, gab es doch ein beklemmendes Gefühl, [...] das ich noch nie zuvor gefühlt hatte. [...] Zivilisierte Menschen nennen es Heimweh."[30] All die vorherigen Torturen hatte er mit Trotz über sich ergehen lassen, doch jetzt überwältigte ihn auf seinem Pony die Einsamkeit und Verzweiflung und er musste weinen.

In dieser Situation kam ihm der Gedanke zur Flucht. Er überschlug rasch, wie viele Vorräte er dabei hatte, füllte sein Wasser nach und machte sich mit einem schwungvollen Galopp auf in Richtung Osten. Doch er wusste nicht, dass die Apachen ihm bereits auf den Fersen waren und ihn bald einholen sollten. Später musste er einsehen, dass er genau das getan hatte, was seine Entführer von ihm erwartet hatten.

Nach seinem gescheiterten Fluchtversuch wurde er stets von einem anderen Jungen begleitet. Gemeinsam hüteten sie die Pferde, so dass er sich weniger einsam fühlte. Von ihm lernte er die Apachensprache, und auch wie man Pfeil und Bogen baut.

Bild 1: Ab Mitte der 1870er Jahre führte der Mescalero San Juan gemeinsam mit Nautzili die Mescalero-Reservation in New Mexico. Anfang 1879 setzte er sich für den Chiricahua-Apachen Victorio ein. Der versuchte damals, nach mehreren Raubzügen mit seiner Gruppe auf die Reservation zu gelangen.

Ansonsten erledigte er für Carnoviste verschiedenste Aufgaben, wie ihm das Essen zu bringen, seine Pfeife anzuzünden, seine Füße zu waschen, seinen Körper zu bemalen oder auch die Läuse auf seinem Kopf zu fangen.[31] Daneben umfasste sein Arbeitspensum alle anfallenden Tätigkeiten im Lager und er musste den Launen und Wünschen jeder alten Squaw gehorchen. Rückblickend beschreibt er seinen Überdruss an den täglichen Mühen: „Das Leben wurde eine Last für mich und einmal mehr sehnte ich den Tod als Befreiung herbei. Aber es sollte keinen Lichtblick für mich geben."[32]

Doch nachdem er eine Zeit lang für die niedrigsten Arbeiten zuständig gewesen war, entspannte sich seine Situation etwas. Man erlaubte ihm jetzt, öfter mit den anderen Jungen und Mädchen zusammen zu sein. Und Carnoviste begann, ihm das Wichtigste für den täglichen Überlebenskampf der Apachen beizubringen. Herman lernte von ihm, wie man Wildpferde reitet, und wie man auf ein vorbei galoppierendes Pferd aufspringt und dabei gleichzeitig einem Pfeil ausweicht. Auch Pferderennen gehörten zu Carnovistes Unterweisungen oder wie man sich auf dem Pferd möglichst klein macht, um kein Ziel für die Feinde abzugeben und wie man den Schild richtig benutzt.

Zwei Monate nach der Entführung brach Carnoviste mit elf Kriegern zu einem Raubzug in jenes Gebiet auf, in dem Hermans Familie lebte. Nach ihrer Rückkehr erzählten sie Herman, dass sie seine Mutter und die ganze Familie getötet hätten. Als Beweis zeigten sie ihm Sachen, die sie in der Nähe seines Elternhauses gefunden hatten: Kleidung und eine kleine Pistole, die früher ihm gehört hatte.

Der wahre Sachverhalt wurde später eindrucksvoll von Lehmanns Schwester Mina beschrieben: Mit ihrem Bruder Willie hatte sie gerade die Pferde an eine Wasserstelle geführt, als sich von einem hohen Felsvorsprung am Bach ein großer Stein löste und ganz in ihrer Nähe aufschlug. Ihr kam sogleich in den Sinn, dass Indianer in der Nähe sein könnten, und sie liefen rasch zum Haus zurück. Sie erinnerte sich: „[...] zu meinem Schrecken, kamen da zwölf große Indianerkrieger im Galopp, ihre Schilde vor sich haltend, bewegten sie sich wie Schlangen hin und her, ihre langen Haare flogen in der Luft. Wie schrecklich und furchtbar sie aussahen! Sie schrien nicht und machten nicht mehr Lärm als nötig. Stille ist ein typischer Wesenszug der Apachen [...]."[33]

Mit ihrem Bruder erreichte sie das Haus, wo sie sofort die Türen verbarrikadierten. Derweil umzingelten die Indianer das Haus. Die kleineren Kinder waren stark verängstigt, die Mutter sehr aufgeregt und Mina selbst einer Ohnmacht nahe, doch schließlich gewann praktisch-resolutes Handeln die Oberhand. Die Kleinen wurden unter das Bett gesteckt und als die Mutter auf die Angreifer schießen wollte, hielt Mina sie zunächst zurück. Sie sollte warten, bis sie nah genug wären. Erst als ein Indianer direkt vor dem Fenster auftauchte, drückte sie ab und konnte ihn schwer verletzen.

Mina Lehmann berichtete weiter: „Als sie dem Haus näher kamen, schaute Mutter aus dem Fenster, und whizz! kam eine Lanze, dicht an ihrer Schläfe vorbei und blieb im Tisch daneben stecken."[34] Mit mehreren Schüssen gelang es dann aber, die Angreifer vom Haus fern zu halten und schließlich in die Flucht zu treiben. Dabei vergaßen sie allerdings nicht, alle Pferde mitzunehmen.

Diese Aussagen seiner Schwester werden in Lehmanns erster Version von den Erinnerungen seiner Mutter ergänzt. Sie gab an, dass es den Apachen gelang, in einen Raum einzudringen und ihn völlig zu verwüsten. Sie hätten die Möbel zerschlagen und Kleidung entwendet. Hermans Mutter schätzte den Schaden auf etwa 700–800 Dollar. Wegen dieses zweiten Überfalls nach der Entführung der beiden Jungen, bat sie ihren Mann, die einsam gelegene Farm zu verlassen. „Ich habe meinen Mann dann angefleht, von diesen Ort wegzuziehen und dorthin zu gehen, wo wir in Frieden bleiben könnten […]."[35]

Zunächst wollte dieser von einem Umzug nichts wissen und erst mal solange arbeiten, bis der erlittene Verlust ersetzt war. Doch aus Sorge um seine Familie änderte er schließlich seine Meinung. So trafen sie am 20. September 1870 in Loyal Valley ein, um dort ein neues Leben zu beginnen. Einmal noch besuchte Lehmanns Stiefvater mit einem Bruder von Herman ihr altes Zuhause. „Mein Mann und Adolph gingen am 3. Oktober zurück und fanden überall Indianerspuren. Wieder waren sie überall eingedrungen. Sie fanden Rinder, die mit Pfeilen durchbohrt waren."[36] Hermans Mutter nahm an, dass die Indianer sich für die Verwundung ihres Anführers hatten rächen wollen.

Dass die Apachen ihm den Überfall auf seine Familie nicht wahrheitsgemäß wiedergegeben hatten, sollte Lehmann erst Jahre später erfahren. Mit ihrer Lüge vom Tod seiner Angehörigen hatten sie ihm einmal mehr deutlich gemacht, dass es kein Zurück für ihn gab und ihm so jede Hoffnung auf eine Rückkehr in sein früheres Leben geraubt. Die Bindung zu seiner neuen „Familie“ war nun der einzige verbleibende Halt für ihn.

Bald durfte Herman die Apachen auf einigen ihrer Unternehmungen begleiten. Als sie von der Jagd auf den Plains zurückkehrten, entdeckten die Krieger an einer Klippe eine Bienenhöhle und man beschloss, dass Herman den Honig herausholen sollte. Es war Sommer und die Indianer trugen nichts als einen Lendenschurz, und so wurde Herman fast nackt in einem halsbrecherischen Manöver an einem Seil herunter gelassen, damit er die Höhle erreichen konnte. Er füllte den Honig vorsichtig in seine mitgebrachte Tasche, während er von Bienen umschwirrt wurde. Als sie voll war, wurde er wieder heraufgezogen. Da jedoch noch reichlich Honig in der Höhle vorhanden war, wiederholten die Indianer den Vorgang noch mehrere Male und ließen ihn immer wieder mit dem Seil herunter. Am Ende war er über und über mit Bienenstichen bedeckt. Aber wie er erzählte, verschaffte man ihm Erleichterung: „Die Stacheln wurden heraus gezogen und sie legten eine Art Schlamm aus der Rinde einer Strauchwurzel [...] darüber, was das Gift der Stiche unschädlich machte.“[37] Mit derartigen Aktionen gelang es Lehmann, sich innerhalb des Stammes eine gewisse Anerkennung zu verschaffen.

Nachdem er sich noch besser bei den Apachen eingelebt hatte, beteiligte sich Herman auch an ihren Raubzügen und bei seinem ersten Pferdediebstahl, stellte er fest, dass die Indianer sich nicht durch besonderen Mut auszeichneten: „Die Indianer waren Feiglinge, und immer wenn Gefahr drohte, schickten sie mich vor."[38] So hatten es die Apachen in der Nähe von Fort Concho auf ein großes schwarzes Pferd abgesehen. Doch aus Sorge, beobachtet zu werden, forderten sie Herman auf, ihnen das Pferd zu holen. Als der zögerte, wurde er mit der Waffe bedroht. Es blieb ihm keine andere Wahl. Man drückte ihm eine Pistole in die Hand und er machte sich kriechend auf den Weg. In der Nähe des Pferdes nahm er wahr, dass sich irgendetwas bewegte. Er durchtrennte dennoch das Seil des Pferdes, als sich plötzlich vor ihm ein Mann aufrichtete und auf ihn schoss. Der Schuss verfehlte ihn zwar, doch verlor er die Nerven, warf vor Schreck seine Waffe weg und nahm Reißaus. Eine ganze Weile versteckte er sich im hohen Gras, bis er schließlich das Heulen von Wölfen vernahm – die Signalrufe der Indianer – und sich wieder mit ihnen vereinte. Die nächsten Raubzüge verliefen ohne Zwischenfälle und sie konnten die erbeuteten Pferde ungestört in ihr Lager bringen.

Der Alltag der Gewalt

Überfälle auf Reisende und einsam gelegene Farmen der Weißen gehörten zur Lebensweise der Apachen. Lehmann gab zu, dass er lange gezögert habe, diese oft grausamen Taten zu schildern, sich schließlich aber doch dazu entschlossen hätte, da sie der Wahrheit entsprächen und er ein Beispiel für die Brutalität seines neuen Lebens habe geben wollen.

So wurde er Zeuge eines Überfalls auf eine weiße Familie, die mit ihren drei Kindern in einem Wagen unterwegs war. „Bevor sie unsere Anwesenheit bemerkten, hatten wir sie umzingelt, und es war die Arbeit von wenigen Sekunden den Mann, die Frau und ein kleines Baby zu töten und zu skalpieren; [...]."[39] Die anderen beiden Kinder, ein etwa 8-jähriges Mädchen und einen 6-jährigen Jungen, nahmen sie mit sich. Die Kinder weinten pausenlos und weigerten sich zu essen. Dabei blieb es auch in den folgenden vier Tagen, und die Apachen fühlten sich zunehmend bei ihren weiteren Raubzügen behindert. Das sollte sich ändern. Links und rechts von dem Mädchen ritt jeweils ein Indianer. Jeder von ihnen nahm eine Hand und einen Fuß des Kindes, sie hoben es vom Pferd, das weggetrieben wurde. Dann schwangen sie das Mädchen kräftig drei mal hin und her, beim letzten Mal ließen sie es los. „Sie machte einen Salto in der Luft und als sie auf dem Boden aufschlug, war sie tot, und jeder Indianer ritt über die verstümmelte Leiche. Der Junge wurde währenddessen von zwei anderen Kriegern auf die gleiche Weise behandelt."[40] Die zertrampelten Körper hing man für die Geier an einen Baum.

Einige Zeit nach diesem Ereignis traf der Stamm an einer Wasserstelle auf eine Gruppe von Comanchen. Zwischen beiden Stämmen hatte es immer wieder Feindschaft gegeben, doch zu jener Zeit lebten sie in Frieden. Die Comanchen führten ebenfalls einen deutschen Jungen mit sich. Es war Adolph Korn, ein früherer Freund Lehmanns, der im gleichen Jahr wie er gekidnappt worden war. Die beiden Jungen konnten sich ungestört auf Deutsch über ihre Situation austauschen. Sie genossen die kurze, gemeinsame Zeit und hätten, wenn die Comanchen nicht weiter gezogen wären, sicher über Fluchtpläne nachgedacht. Aber die Comanchen nahmen Adolph Korn mit sich und Lehmann musste sein Apachenleben fortführen.

Auf einem ihrer Raubzüge entdeckten die Apachen Büffeljäger und griffen sie an. Die meisten Jäger flüchteten auf einen Berg, einer jedoch rannte in Richtung ihres Lagers. Da die geflohenen Männer unerreichbar hinter Felsen verborgen waren, konzentrierten sich die Apachen auf den einzelnen Mann. Sie holten ihn ein, stellten fest, dass er Mexikaner war und sprachen ihn auf Spanisch an. Da er ihnen versicherte, im Lager halte sich niemand mehr auf, beschlossen sie, es auszurauben. Herman befahlen sie, in der Zwischenzeit den Mann zu bewachen. Allerdings stellte sich schnell heraus, dass der Mann gelogen hatte. Mehrere Männer schossen aus dem Lager heraus auf die Apachen, so dass sie sich zurückziehen mussten.

Inzwischen versuchte der von Herman bewachte Mexikaner, sich aus seiner misslichen Lage zu befreien und bewarf Herman mit Steinen. Der schoss daraufhin einen Pfeil auf ihn ab, der ihn jedoch kaum streifte. Als die Apachengruppe wieder bei Herman eintraf, war Carnoviste über die Lüge des Mexikaners und den erfolglosen Angriff bereits verärgert. „[…] als ich Carnoviste von dem Mexikaner erzählte, der mich mit Steinen bewarf, wurde er wütend und befahl mir, ihn sofort zu töten. Ich schoss ihm einen Pfeil ins Herz und er fiel tot um. Nicht zufrieden damit, mich zu zwingen, diesen Mexikaner zu töten, befahl mir Carnoviste seinen Skalp zu nehmen, aber ich wollte es nicht tun […]."[41]

Reste seines früheren Lebens lehnten sich gegen diesen „Zivilisationsbruch“ auf. Erst nachdem Carnoviste ihm alle möglichen Strafen angedroht hatte, führte Herman den Befehl aus. „[...] ich nahm mein Messer, machte einen Schnitt rund um seinen Kopf, packte seine Haare mit meinen Fingern und mit einem schnellen Ruck nach hinten löste sich die Kopfhaut [...].“[42] Wieder war er seiner Herkunft ein Stück mehr entfremdet. Herman sollte den Toten mit dem Gesicht nach unten legen. Den Pfeil, auf den er zuvor ein Kreuz eingeschnitten hatte, legte er auf den Rücken. Lehmann vermutete, man wollte auf diese Weise deutlich machen, dass mit diesem Pfeil menschliches Blut vergossen wurde. Einen solchen Pfeil benutzten Apachen kein zweites Mal.

Die beschriebene Gewalt war keine Ausnahme, sondern normaler Bestandteil von Lehmanns Alltag, wie die folgende kurze Aufzählung von zeitlich dicht beieinander liegenden Ereignissen verdeutlichen mag. So überfiel die Apachengruppe mit Lehmann ein Lager von Mexikanern. Sie holten die Fliehenden ein, töteten und skalpierten sie. Dann kehrten sie in deren Lager zurück, nahmen sich, was sie brauchen konnten und zerstörten den Rest. Gemeinsam mit einigen Comanchen und Kiowas überfielen sie auf dem Land einen einsam gelegenen Laden. Sie töteten den Besitzer und stahlen, was sie tragen konnten. Das Haus setzten sie in Brand.[43]

Eines Nachts entdeckten sie an einem Ortsrand zwei sitzende Männer unter einem Baum. „Wir töteten und skalpierten sie und stahlen sechs Pferde.“ Allerdings war ihr Raubzug damit noch nicht beendet: „Nordwestlich von dort brannten wir ein

Haus nieder, töteten einen Mann, seine Frau und vier oder fünf Kinder. Wir haben sie gefoltert."[44] Anschließend stießen sie auf vier weitere Weiße, die zu Pferd und mit einem Wagen unterwegs waren. Nachdem sie alle getötet und skalpiert hatten, raubten sie verschiedene Wertgegenstände sowie eine beträchtliche Geldsumme, die für sie jedoch keinen Wert besaß: „Das Geld zerrissen wir, aber aus dem Silber und Gold haben wir Schmuck gemacht."[45] Schließlich kehrten sie in ihr Lager zurück, befestigten die erbeuteten Skalps an langen Stangen und feierten ein großes Fest.

Zuweilen erwiesen die Apachen ihren weißen Gegnern allerdings auch Respekt. So erwähnte Lehmann, dass ein im Kampf mit den Apachen getöteter Weißer nicht skalpiert wurde, weil er sie mit seinem tapferen Widerstand beeindruckt hatte: „Weil er mutig und furchtlos war, haben wir diesen Mann nicht skalpiert oder anderweitig verunstaltet."[46]

Lehmann berichtete aber auch mehrmals davon, dass Gefangene – sowohl Erwachsene als auch Kinder – mitunter wieder frei gelassen wurden. So entdeckte seine Gruppe eines Tages in ihrer Nähe eine Gruppe von Büffeljägern, von denen sie einen stellen konnten, der allein nach den Tieren Ausschau hielt. Er ergab sich sofort und warf seine Waffe fort, als er sich unerwartet den bewaffneten Indianern gegenüber sah. „Er bettelte um sein Leben; wir nahmen alles, was er hatte – Kleidung, ein schönes Gewehr, einen Gürtel voller Patronen und einen hübschen Dolch." Er musste versprechen, mit den anderen Büffeljägern das Gebiet sofort zu verlassen. „[...] wir sagten ihm außerdem, wenn er oder seine Gruppe einen weiteren Büffel töten würden, dann würden wir ihnen folgen und die ganze Gruppe vernichten."[47] Bevor sie ihn frei ließen, versetzten sie ihm mehrere Schläge mit einer Art Reitpeitsche. Die Drohung erzielte die gewünschte Wirkung, denn sie beobachteten, dass die Jäger ihr Lager tatsächlich abbauten. Ihre etwa 30 bereits abgezogenen Büffelhäute ließen sie zurück.

Krieg mit den Comanchen

Nach einer Zeit des Friedens zwischen den Apachen und den benachbarten Comanchen verschlechterten sich deren Beziehungen drastisch und führten schließlich sogar zum Krieg. Im Lauf dieser Ereignisse lernte Herman Lehmann einen der bedeutendsten Apachenanführer jener Zeit kennen: Victorio. Diese Begegnung beeindruckte ihn tief und er schilderte die Zusammenhänge.

Eines Morgens ritt er mit einem jungen Apachen, Bobo, hinaus, als sie in einiger Entfernung ihres Lagers eine große Comanchengruppe über den Hügel kommen sahen. Sofort suchten die beiden das Weite. Hermans Maultier schoss in Panik davon, überholte Bobo und ließ sich selbst durch das Lager nicht aufhalten. Als Herman zurück kam, tobte bereits ein erbitterter Kampf um jeden Zentimeter. Bobo war in der Nähe des Dorfes von seinen Verfolgern eingeholt, getötet und skalpiert worden. Erst bei Sonnenuntergang zogen sich die Comanchen endlich zurück. Die Apachen hatten 25 Opfer zu beklagen, die während der Kämpfe oder unmittelbar darauf an ihren Verletzungen starben. Aber auch zahlreiche Comanchenkrieger hatten ihr Leben verloren.

Um weitere Zusammenstöße zu vermeiden, verlegten die Apachen ihr Dorf weiter nach Norden. Doch bald darauf entdeckten sie in der Nähe des Dorfes zwei Späher der Comanchen. Einen töteten sie sofort, den anderen nahmen sie gefangen. Wie Lehmann beschrieb, wartete auf ihn ein schreckliches Los: „Carnoviste schnitt durch jeden seiner Arme ein Loch, zog eine Schnur aus Rohleder hindurch und hängte den armen Kerl zum Sterben in einen Mesquite Baum […]."[48] Eine alte Squaw beendete schließlich das grausame Schauspiel und schnitt ihn los.

Nachdem sie daraufhin mit ihrem Lager weitere 60 Meilen nach Norden gezogen waren, fühlten sie sich zunächst in Sicherheit, doch schreckte bald der Traum eines Kriegers sie auf. Dem Traum zufolge würde eine große Comanchengruppe sie überwältigen und ihnen hohe Verluste zufügen. Träume besaßen für die meisten Indianerkulturen einen hohen Stellenwert und wurden sehr ernst genommen, da man in ihnen warnende Hinweise zu erkennen glaubte. Auch die Apachen deuteten diesen Traum als böses Omen. Bei einer großen Ratssitzung am nächsten Tag beschlossen sie, den Comanchen aus dem Weg zu gehen und ihren Lagerplatz erneut zu verlassen.

Doch bereits nach 20 Meilen fanden sie sich von den Comanchen umzingelt. Wie Lehmann schreibt, war der folgende Angriff noch verheerender als der vorige: „Unsere Frauen und Kinder wurden gefangen genommen, vierzig Krieger getötet, viele andere verwundet, unsere Pferde fort getrieben, unsere Lagerausrüstung wurde mitgenommen und wir waren in einer notleidenden und verzweifelten Lage."[49]

Zusammen mit etwa einhundert Kriegern und sechs Frauen floh Lehmann zu Fuß in südlicher Richtung. Völlig entkräftet trafen sie nach einem Monat auf eine Gruppe von etwa 150 Apachen, von der sie Vorräte und Pferde erhielten. Gemeinsam setzten sie den Weg fort und kamen schließlich überein, dass sie ohne weitere Unterstützung die entführten Frauen und Kinder nicht aus den Händen der Comanchen befreien könnten. Sie sandten deshalb Scouts zu den verstreuten Gruppen des Apachenstammes in Arizona, Utah und Mexiko aus, um dort Hilfe zu mobilisieren. In der Zwischenzeit bereiteten die Männer sich auf den Krieg vor. In den folgenden drei Monaten tauchten aus allen Richtungen Krieger auf, die bereit waren, sie zu unterstützen, unter ihnen große Anführer wie Geronimo oder Victorio mit ihren Männern.

Bei einer Beratung äußerten alle Häuptlinge ihre Ansichten über das weitere Vorgehen. Victorio setzte sich für eine friedliche Lösung mit den Comanchen ein und sagte: „Ich selbst fürchte nicht die Comanchen, noch habe ich vor deren Verbündeten, den Kiowas, Angst; aber diese Stämme sind für sich schon stark und uns zahlenmäßig weit überlegen. Außerdem versorgen die Weißen sie mit Gewehren und Munition, um unseren Stamm zu vernichten. Der Weiße Mann ist der Feind des Indianers, und die Indianer müssen aufhören, gegeneinander zu kämpfen, sondern alle müssen zusammen kommen, um die Bleichgesichter zu bekämpfen."[50]

Bei der verhängnisvollen Rolle der Weißen musste der Anführer Red Wasp Victorio zwar zustimmen, doch was die Comanchen betraf, war er anderer Meinung. Er hielt einen Krieg für gerechtfertigt und wollte bis zum Letzten kämpfen, um sie zu töten. Mehrere Redner folgten und die Argumente des Für und Wider gingen hin und her. Schließlich befand eine Mehrheit, dass der Kampf gegen die Weißen gemeinsam mit den anderen Stämmen geführt werden sollte, mit den Comanchen aber wollte man wegen der entführten Frauen und Kinder verhandeln.

Also machten sich die Apachen auf den Weg und hissten drei Meilen vor dem Comanchenlager eine Fahne, die Waffenstillstand versprach. Die Comanchen schickten darauf einen Krieger, der ein schwarzes Schild hin und her schwenkte – seine Botschaft: „Kampf" und „Tod den Besiegten". Hätten die Apachen dieses Signal mit einem roten Schild beantwortet, wäre die Herausforderung von ihnen angenommen worden. Mit einer weißen Fahne signalisierten sie jedoch ihre Bereitschaft zum Frieden.

Sechs Männer aus beiden Stämmen trafen sich auf halbem Weg, um miteinander zu verhandeln. Zwar waren auch die Comanchen zum Frieden bereit, doch verlangten sie die Herausgabe desjenigen, der ihren Stammesgenossen im Lager der Apachen mit aufgeschlitzten Armen an den Baum gehängt hatte. Obwohl sich der Schuldige, Carnoviste, unter den verhandelnden Apachen befand, versicherte man, der Verantwortliche würde nicht mehr leben und sei im Kampf gefallen. Die Comanchen glaubten diesen Beteuerungen, gaben die gefangenen

Bild 2: Victorio war einer der prominentesten Anführer der Chiricahua-Apachen. Im Konflikt mit den Comanchen vermittelte er. Er setzte sich leidenschaftlich dafür ein, von der Regierung besseres Land für seinen Stamm zu erhalten. Nach seiner Flucht aus der Reservation und zahlreichen Überfällen wurde er von US-Armee und mexikanischen Soldaten hartnäckig gejagt und 1880 getötet.

Frauen und Kinder heraus und waren zu einem Frieden bereit. Einigen Frauen, die inzwischen mit Comanchenkriegern zusammen lebten, stellte man es frei, bei ihren neuen Männern zu bleiben oder zurück zu den Apachen zu gehen.

Den friedlichen Ausgang dieses Konflikts führte Lehmann allein auf Victorios Einfluss zurück. Doch trotz seiner hohen Wertschätzung für diesen Anführer der Chiricahua-Apachen, lehnte er ein überraschendes Angebot von ihm ab. „Er hatte vier Frauen und mehrere gutaussehende Töchter, und einmal bot er mir an, ein wirklich hübsches Mädchen gegen einen von mit erbeuteten Sattel einzutauschen, aber ich lehnte ab."[51] So ließ sich Lehmann die Gelegenheit entgehen, eine hübsche Frau und dazu noch einen berühmten Schwiegervater zu bekommen.

Heilung, Religion und Tod

Eine Seuche, der bereits zahlreiche Personen ihres Stammes zum Opfer gefallen waren, stellte die Apachen vor neue Herausforderungen. Unter den Verstorbenen befand sich auch Carnovistes Frau. Nachdem man sie zum Bestattungsplatz getragen hatte, legte man ihren wertvollen Besitz sowie ihre beiden zuvor getöteten Lieblingshunde zu ihr. Lehmann schilderte seine eigene Situation: „Alles wurde getötet, was ihr gehörte, und auch mich brachte man dorthin, um getötet zu werden."[52] Die Bogen waren bereits auf ihn gerichtet, als ein junges Mädchen nach vorn stürzte und Lehmann umarmte. Ihrem mutigen Einsatz verdankte er sein Leben.

Die Krankheit forderte immer weitere Menschenleben. Daher machte sich ein alter, erfahrener Medizinmann auf den Weg und bestieg allein einen Berg, auf dem er die winterliche Nacht verbrachte. Er betete und bat den Großen Geist um Hilfe gegen die Krankheit. Als er zurückkam, ordnete er den Bau einer Schwitzhütte an. Die Tradition des Schwitzbads findet sich bei vielen nordamerikanischen Stämmen.[53] In manchem der skandinavischen Sauna vergleichbar, dient die indianische Schwitzhütte allerdings neben der körperlichen auch der seelischen Reinigung.

Als die Steine in der Hütte durch mehrere Feuer genügend erhitzt waren, mussten die Kranken darin nackt und schwitzend so lange wie möglich aushalten, um danach für mehrere Minuten in eiskaltes Wasser einzutauchen. Anschließend wurden sie mit nassem Gras und einer rauen Decke abgerieben und in ein warmes Büffelfell gewickelt. Am Ende nahmen sie ein heißes, aus einer Wurzel zubereitetes Getränk zu sich. Nach den Kranken unterzogen sich auch alle übrigen Stammesangehörigen dieser Prozedur. Tatsächlich hatten die Apachen danach keine weiteren Opfer mehr zu beklagen.

Trotz der Überfälle, Morde und Skalpierungen waren die Apachen ein tief religiöses Volk. Lebten sie in Frieden und war ihre Versorgungslage gesichert, dann gehorchte ihr Leben einem kompliziertem Verhaltenscodex, in welchem quasi jede ihrer Handlungen des täglichen Lebens auch eine religiöse Bedeutung besaß.[54]

Auch Lehmann betonte die große Rolle der Religion für die Apachen. So heißt es in seiner Version von 1899: „Der Apache war sich stets des großen Schöpfers bewusst und stand in Ehrfurcht vor der ganzen Natur und dem Werk Gottes. [...] er verneigte sich vor jedem Unkraut, das er beugte und vor jedem Bach, den er überquerte und er bat jedes Tier um Verzeihung, das er tötete und nach jeder Jagd, jedem Kampf und jedem Krieg pries und beschwor er die Großen Geister."[55]

Wie die sechs Apachenstämme in einem sehr ausgedehnten Areal lebten und somit unterschiedlichen kulturellen Einflüssen ausgesetzt waren, bildeten sie auch verschiedene religiöse Vorstellungen und Verhaltensweisen aus. Dennoch gibt es Merkmale, die von allen Stämmen geteilt wurden. Das wichtigste ist wohl die Annahme einer die Welt durchdringenden übernatürlichen Kraft, mit der sie in Beziehung treten konnten. Wenn der einzelne Mensch Schutz und Hilfe brauchte, konnte er selbst auf verschiedenste Weise Verbindung zu dieser Kraft aufnehmen.[56]

Gängige Praxis war es, dabei die Hilfe eines schamanischen Spezialisten in Anspruch zu nehmen, der vor allem bei persönlichen Krisen, Notfällen und Krankheiten zum Einsatz kam. Er trat über Visionen mit den höheren Mächten in Kontakt und versuchte, mit seinem Wissen die Ursachen des Übels im Rahmen eines Rituals zu beseitigen. Für andere regelmäßig stattfindende Zeremonien im Jahreslauf sowie für die Übergangsrituale von einer Lebensphase in die nächste waren in erster Linie Priester zuständig, auch wenn Schamanen hier zuweilen mitwirken konnten. So setzte sich die praktische Religion jedes Apachenstammes aus schamanischen und priesterlichen Ritualen zusammen, wenngleich auch in jeweils unterschiedlichen Anteilen.[57]

An mehreren Stellen seines Berichts gibt Lehmann Hinweise zum religiösen Verhalten der Apachen. So beschreibt er unter anderem – leider ohne den Zusammenhang näher zu erläutern – eine große Zeremonie, die sich über mehrere Tage hinzog. „Zuerst mussten wir sieben Tage fasten, dann wurden sieben kräftige, robuste Indianer ausgewählt, die sieben Tage und Nächte ununterbrochen tanzen sollten, ohne irgendwelche Nahrung zu sich zu nehmen, [...]."[58] Lediglich eine feuchte Wurzel, die speziell für diese Feier zubereitet wurde, war als Speise erlaubt.

Der Medizinmann vollführte eine Reihe von Darbietungen, die Lehmann als „Gauklertricks" bezeichnete, die ihn aber dennoch zum Staunen brachten und die er nicht verstand. So stach er mit einem Messer in seinen Körper, ohne dass es dabei zu der erwarteten Verletzung kam. „Ich habe gesehen, wie sie sich große Wunden in ihre Beine schnitten und kein Blut floss." Außerdem bereitete er aus den Äpfeln mexikanischer Kakteen eine Speise, die „Hoosh" genannt wurde. Von der ernährte sich die Gruppe vier Tage lang und nahm daneben nichts anderes zu sich. Lehmann hält es für möglich, dass bei der Zubereitung von Hoosh auch der Peyote-Kaktus genutzt wurde, den die Indianer wegen seiner halluzinogenen Wirkung schätzten, denn: „[...] wir fühlten uns so leicht und glücklich, dass wir alle liebten und wegfliegen wollten."[59] Die beschriebene Wirkung lässt auch an eine drogenartige Substanz denken. Tatsächlich nennen die Lipan-Apachen die rituelle Nutzung von Peyote „hosh-chezhál", was so viel bedeutet, wie „Kaktus zum Essen". Bei der Übernahme des Peyote von mexikanischen Indigenen spielten die Lipan eine Schlüsselrolle.

Da Lehmann die Hintergründe dieses umfangreichen Rituals nicht kannte, können wir nur darüber spekulieren. In den meisten größeren Zeremonien der Apachen dienten die Tänzer dazu, die Berggeister, „ghan", zu verkörpern, die für sie wichtige Mittler zu den höheren Mächten waren. Die maskierten Ghan-Tänzer trugen auffällige Holzgestelle auf dem Kopf und es ist seltsam, dass Lehmann diese nicht erwähnt, denn bei seinem mehrjährigen Aufenthalt bei den Apachen muss er ihnen mehrmals begegnet sein. Die Zeremonien mit Tänzen der Berggeister fanden bei Heilungsritualen statt, um bestimmte Vorhaben zu segnen oder für Erfolge zu danken. Ob es sich bei Lehmanns Beschreibung um ein Ritual mit Ghan-Tänzern handelt und wenn ja, um welches, lässt sich anhand der lückenhaften Angaben nicht zweifelsfrei sagen. Diese Tänzer treten jedenfalls heute noch im Rahmen der einzigen wichtigen religiösen Zeremonie auf, die bei den Apachen überlebt hat: der sich über vier Tage hinziehenden Mädchenpubertätszeremonie.[60]

Aufgefallen sind Lehmann die Versuche der Medizinmänner, das Wetter zu beeinflussen. Dabei ging es ihnen in erster Linie darum, den für sie lebensnotwendigen Regen sicher zu stellen. „Ich habe gesehen, wie sie zu einem hohen Ort hinaus gingen, einen Kuhschwanz schwenkten und um Regen sangen, und wenn der ausblieb, zogen sie daraus den Schluss, dass einige ihrer Leute den Großen Geist provoziert hätten."[61]

Die Konsequenzen konnten tragisch sein, wenn der Medizinmann die Schuld für das missglückte Ritual von sich wies und sie auf einzelne Personen der Gruppe schob. Wie Lehmann berichtete, wurde ein bei ihnen lebender Mexikaner beschuldigt, die Ursache eines solchen missglückten Rituals zu sein. Man zelebrierte eine Art „Gottesurteil" an ihm. Er wurde gefesselt zu einem Felsen außerhalb des Lagers gebracht, in dessen unmittelbarer Nähe sich eine große Klapperschlange befand. Sie war so dicht an seinem Körper, dass die kleinste seiner Bewegungen einen Biss verursacht hätte. Wir können nur vermuten, dass es kein gutes Ende mit ihm nahm, da Lehmann uns sein weiteres Schicksal verschweigt.

Der Kampf mit den Texas Rangers

1875, auf dem Rückweg von einem Raubzug, auf dem sie mehrere Pferde erbeutet hatten, bemerkten die Apachen, dass ihnen die verhassten Texas Rangers auf den Fersen waren. Lehmann stellte fest, dass sie vor dieser Polizeitruppe den größten Respekt hatten: „Wir haben ‚Uncle Sams' reguläre Soldaten nie sehr gefürchtet, weil wir wussten, dass sie viel Zeit brauchten, um unserer Spur zu folgen, aber wir fürchteten die Texas Rangers [...], deren Gewehre immer geladen waren und deren Kugel nie ihr Ziel verfehlte; sie schliefen im Sattel und aßen während sie ritten, oder auch gar nicht."[62] Diese Spezialtruppe gab es bereits seit 1823. Sie wurde damals von Stephen F. Austin gegründet, um die von ihm in die mexikanische Provinz geführten amerikanischen Siedler vor aufständischen Indianern zu schützen.[63]

Um einer Begegnung mit dieser Truppe aus dem Weg zu gehen, ritten sie drei Tage ohne Essen und Schlafen durch. Danach fühlten sie sich sicher und wurden unvorsichtig. An einem der folgenden Morgen stellten sie überrascht fest, dass die Texas Rangers auf sie zu kamen. Ihr Anführer sah keine Fluchtmöglichkeit mehr und befahl deshalb den Kampf. Doch nur vier Indianer stellten sich der Auseinandersetzung, der Rest suchte das Weite und zerstreute sich.

Einer der kämpfenden Apachen, Nusticeno, hatte in dem Getümmel sein Pferd verloren und floh zu Fuß. Lehmann war mit seinem Pferd direkt neben ihm, und dem Indianer gelang es, aufzuspringen. Doch die Rangers schnitten ihnen den Weg ab und nahmen sie von zwei Seiten unter Feuer. Die beiden Apachen wehrten, so gut es ging, die Schüsse mit ihren Schilden ab. Doch ihr Pferd wurde getroffen und begrub Lehmann unter sich. Nusticeno rannte fort und ließ Herman Lehmann, der jetzt der Apache „En Da" war, unter seinem toten Pferd zurück. In seinem Bericht bemerkte er dazu: „Ich flehte ihn an, mich nicht allein zu lassen, aber er achtete in seinem verzweifelten Ringen um sein Leben nicht auf meine Bitten. Ich war unter meinem toten Pferd eingequetscht, und es schien, als müsste ich dort bleiben und mein Schicksal akzeptieren, was auch immer es sein sollte."[64]

Zwei oder drei Rangers liefen auf Lehmann zu und einer richtete seine Waffe auf ihn. Der glaubte, sein Ende sei nah und schloss die Augen. Doch er hörte, wie die weißen Männer laut miteinander sprachen. Sie öffneten ihm die Augen, betrachteten ihn näher, und entdeckten, dass er ein Weißer war. Da Lehmann unter dem toten Pferd eingeklemmt war, machten sich die Rangers zunächst daran, den entflohenen Nusticeno zu verfolgen und ließen Herman allein zurück. Er hörte die Schüsse auf den Flüchtenden und als er annahm, niemand sei mehr in der Nähe, gelang es ihm, sich von dem toten Pferd zu befreien. Er kroch bis zu einer Stelle, wo er sich gut im Gras verstecken konnte. Nach einer Weile kehrten die Rangers zurück, um nach ihm zu schauen. Lehmanns Versteck befand sich so nah, dass er sie herumreiten und sogar sprechen hörte. Aus Angst entdeckt zu werden, wagte er kaum zu atmen. Er hatte sich so geschickt im hohen Gras einer leichten Mulde verborgen, dass sie ihn selbst nach einer Stunde nicht fanden und schließlich wieder abzogen. Mehrere beteiligte Texas Rangers fertigten später einen schriftlichen Bericht über diese Auseinandersetzung auf den Concho Plains an.

Als Lehmann sicher war, dass die Rangers das Gelände verlassen hatten, kam er vorsichtig aus seinem Versteck und überblickte die grauenvolle Szenerie. Bei seinem toten Pferd gab es nichts mehr, was er gebrauchen konnte, all seine Waffen hatten die Rangers mitgenommen. Nicht weit lag der getötete Nusticeno. „Er war skalpiert worden und wie ich dachte, allen Anschein nach auch gehäutet, alle seine Waffen waren weg. Ich betrachtete dieses unheimliche Schauspiel für einige Sekunden, dann drehte ich mich um und rannte, bis ich atemlos und erschöpft zu Boden fiel."[65] Ob sich die Texas Rangers tatsächlich noch die Mühe gemacht haben, den Apachenkrieger zu häuten, scheint zweifelhaft, aber er muss wohl übel zugerichtet gewesen sein. So gab Lehmann in seiner ersten Version an, er hätte seinen toten Kameraden ohne Kopf gefunden.[66]

Er fand sich allein inmitten der Great Plains wieder – ohne Waffen, ohne Wasser und ohne Nahrung. Das Hauptlager seiner Gruppe lag etwa 300 Meilen entfernt. Lehmann: „Ich ging los auf dem Indianerpfad, lief Tag und Nacht, ernährte mich von Heuschrecken, Echsen, Käfern, Wurzeln und allem, was ich finden konnte."[67] Der Durst setzte ihm mehr und mehr zu, bis er endlich eine Höhle mit Wasser entdeckte.

Schließlich erreichte er eine Stelle, wo die Apachen vor dem Kampf eine Antilope getötet hatten. Die Wölfe hatten nichts von den Resten übrig gelassen. Dennoch machte er sich über den Kadaver her, lutschte die Knochen ab und knabberte an der Haut. Später litt er wieder unter starkem Durst, so dass er die feuchte Erde eines Schlammloches aß. Er wurde krank und fiel ins Delirium, doch kam er wieder zu Bewusstsein. Wenig später entdeckte er eine Quelle. Weil er so lange nicht getrunken hatte, konnte sein Magen das Wasser zunächst allerdings nicht behalten. Einen ganzen Tag und eine ganze Nacht hielt er sich an der Quelle auf. Er konnte sich dort etwas erholen und es gelang ihm, einige Frösche zu fangen. Weil er kein Gefäß besaß, um Wasser abzufüllen, zögerte er den Aufbruch lange hinaus. Als er schließlich das Dorf der Apachen erreichte, hatten sich seine Fußnägel bereits gelöst.[68]

Im Lager hatten alle gedacht, er hätte den Kampf nicht überlebt. Nun wurde er freudig begrüßt. Die bereits zurück gekehrten Krieger hatten berichtet, wie Lehmann im Gefecht Nusticeno, einem Bruder des Häuptlings, beigestanden hatte. Dadurch stieg sein Ansehen in den Augen Carnovistes. Als der Häuptling nun erfuhr, dass sich kaum einer seiner Krieger den Rangers entgegen gestellt und weder Lehmann noch den anderen drei Apachen beigestanden hatte, wurde er sehr wütend. Um Lehmann für seinen mutigen Einsatz zu belohnen und gleichzeitig die desertierten Krieger zu strafen, machte er ihn zu ihrem Anführer. Und Lehmann nahm diese Anerkennung gern an: „Ich fühlte mich reichlich entschädigt für all meine Leiden."[69] Doch bis er mit seiner Gruppe ausreiten konnte, vergingen fast zwei Monate, denn so lange brauchte sein geschwächter Körper, bis er wieder richtig hergestellt war. Im Lager sorgte man in dieser Zeit gut für ihn.

Reservation, interne Konflikte und Hermans Flucht

Nach Ende des Bürgerkriegs 1865 hatte sich die Bevölkerung rasant entwickelt und es kam zu einem wirtschaftlichen Aufschwung mit einer raschen Industrialisierung. Dazu trug auch der Bau der Eisenbahn bei, der den Menschen das Vordringen in bisher unbesiedelte Gebiete erleichterte. Vor allem die Fertigstellung der ersten transkontinentalen Verbindung im Mai 1869 trieb die weitere Besiedlung des Landes voran.[70]

Die Regierung versuchte der zunehmenden Siedlerströme Herr zu werden, indem sie die Prärie- und Plainsstämme drängte, auf Teile ihres Landes zu verzichten. Mit der Vereinbarung von Medicine Lodge 1867 für die südlichen und der von Laramie 1868 für die nördlichen Stämme wollte man dafür die Voraussetzungen schaffen. Dort wurde fest gelegt, dass die Indianer zukünftig auf kleineren, für sie „reservierten" Gebieten leben sollten, den sogenannten Reservationen. Doch nur einige der betroffenen Stämme beugten sich dem Druck der Weißen, akzeptierten die Bedingungen und stimmten den Verträgen zu.[71] Die getroffenen Abmachungen wurden zwar immer wieder – von beiden Seiten – gebrochen, aber insgesamt ließ sich die Entwicklung nicht mehr aufhalten.

Auch für die Apachen standen die Zeiten auf Veränderung. Doch zunächst folgten sie weiter ihrem vertrauten Leben. Am San Saba River entdecken sie eine Pferdeherde, töteten den Wächter mit einem Pfeil und brachten die Tiere in ihre Gewalt. Der Fahrer eines Ochsengespanns fällt ihnen ebenfalls zu Opfer. „Wir töteten die Ochsen, saugten den Bauch und die unteren Eingeweide aus, zogen den Dickdarm mit den Händen ab, banden ein Ende zusammen und füllten ihn mit Wasser, um ihn mitzunehmen. Wir aßen Herz, Leber, [...] und Nieren roh und noch warm, und saugten das Blut."[72]

Doch eine Gruppe von Texas Rangers kam ihnen auf die Spur und verfolgte sie. Auf ihrer Flucht stießen die Apachen auf Kiowas und Comanchen, mit denen sie sich vereinigten und gemeinsam die Verfolger abschütteln konnten. Zusammen mit ihren neuen Verbündeten schlugen sie ein Lager auf und vertrieben sich die Zeit mit Handel, Spiel und Pferderennen. Das angenehme Leben endete abrupt, als sie eines Morgens bemerkten, dass sich in der ganzen Umgebung Soldaten befanden. Nach einem verzweifelten Kampf war über die Hälfte ihrer Frauen und Kinder entweder getötet oder gefangen genommen worden. Etwa 90 Apachenkrieger starben unter den Kugeln der weißen Soldaten.[73] Die übrigen wurden gefangen genommen und nach Fort Sill in das heutige Oklahoma gebracht. „[…] der rote Mann, derjenige dem dieses Land und all sein Reichtum […] zu Recht gehören, konnte nicht einmal in den Bergen bleiben. Er musste sich dem Unvermeidlichen beugen. Er musste sich der Überzahl ergeben, den überlegenen Fertigkeiten und besseren Feuerwaffen."[74]

Nachdem man als erstes ihre Pferde begutachtet hatte, wurden ihnen die gestohlenen abgenommen. Außerdem mussten entführte weiße Kinder zurück gegeben werden. Zum Teil tauschte man sie gegen Frauen und Kinder der Apachen aus, die sich in weißer Gefangenschaft befanden. Aber Carnoviste wollte keinesfalls auf Lehmann verzichten. Auch dieser selbst war nicht dazu bereit, die Apachen zu verlassen und bekannte: „Ich wollte nicht gehen, denn ich hatte gelernt meine eigenen Leute zu hassen, also habe ich mich versteckt."[75]

Der Armee war jedoch bekannt geworden, dass Carnoviste einen Weißen bei sich versteckt hielt und sie schickte Soldaten in sein Lager. Als sie sich näherten, saß Lehmann zusammen mit Carnoviste im Tipi. Sofort legte sich Lehmann flach auf den Boden, die Indianer breiteten eine Decke über ihm aus und mehrere von ihnen setzten sich seelenruhig rauchend auf ihn.

Die Soldaten durchsuchten inzwischen das Tipi. Sie zogen zwar schließlich unverrichteter Dinge wieder ab, doch Carnoviste war wütend, weil sie so lange geblieben waren und er so viele Fragen hatte beantworten müssen. Da er zudem befürchtete, sie könnten zurückkehren, rief er seine Krieger zusammen und sie beschlossen, das Lager zu verlassen.

Sie raubten an Pferden, Decken und Waffen, was sie finden konnten und flohen gemeinsam mit den Frauen und Kindern im Schutz der Nacht. Sie erreichten ihre alten Jagdgründe und setzten ihre gewohnten Raubzüge fort, bei denen einige Weiße ihr Leben und ihre Skalps verloren. Auf der Flucht vor den Soldaten überquerten sie den Oberlauf des Pecos River und gelangten in die Rocky Mountains. Doch je höher sie in die Berge kamen, desto stärker spürten sie den nahenden Wintereinbruch. Es wurde kälter, begann zu schneien und ihre Versorgungslage verschlechterte sich zusehends. Lehmann hinterließ ein eindrucksvolles Bild dieser Misere: „Wir töteten und aßen alle Maultiere, die wir noch hatten, kämpften wie hungrige Hunde um die Häute und Knochen, die wir ablutschten. An unseren eigenen Mokassins nagten und kauten wir und beklagten unseren Zustand."[76] Zuvor hatten sie ihre jüngeren Pferde hinab in die Täler gejagt, weil sie dort überleben konnten. Da Not und Entbehrung groß waren, wünschten die meisten, wieder in die Reservation zurückzukehren, und so wurde es in einer gemeinsamen Beratung auch beschlossen.

Dort angekommen, erlaubte man ihnen, etwa 25 Meilen vom Hauptquartier ein eigenes Lager zu errichten. Doch warteten hier neue Probleme auf sie, die einem friedlichen Zusammenleben im Wege standen. Trotz Kontrolle der Soldaten gelang es skrupellosen weißen Händlern immer wieder, Whisky auf die Reservation zu schaffen und den Indianern zu verkaufen. Jedes Mal, wenn der Alkohol im Lager auftauchte, gab es unter ihnen Ärger und Streit, der häufig zu Schlägereien, aber auch zu großen Kämpfen mit mehreren Toten eskalierte.

Die fatalen Auswirkungen dieser Trinkexzesse auf das Stammesleben hat Lehmann in bewegenden Worten beschrieben: „Nach einer Woche Ausschweifung lagen wir herum und schliefen und trauerten über den Tod [...] einiger geliebter Menschen. Wenn ein Indianer vom Trinken verrückt wird, dann ist er noch brutaler als sein weißer Bruder in derselben Situation. Es war nicht ungewöhnlich, dass ein betrunkener Krieger seine Frau oder seine Kinder ermordete, oder an seiner eigenen Tochter Schandtaten beging, oder dass eine wütende Squaw mit einem Dolch in das Herz ihres Mannes stach, oder ihr unschuldiges Baby gegen einen Felsen schlug und in ein wahnsinniges Lachen verfiel, während ihm das Gehirn herausquoll. [...] wenn Sie Trostlosigkeit sehen wollen, dann besuchen Sie ein Indianerdorf während einer Zecherei. Das Elend und die Zerstörung, das Leiden und die Toten sind erschreckend."[77]

Lehmanns Leben erhielt erneut eine andere Richtung, als sein bester Freund, Carnoviste, bei einem dieser Zechgelage getötet wurde. Die Auseinandersetzung nahm ihren Anfang, als eine andere Apachengruppe von ihnen Alkohol forderte. Bei diesem Streit gab es auf Lehmanns Seite einen Verwundeten. Dafür wollte man sich einige Tage später revanchieren und es kam zu einem harten Kampf, in den sogar die Soldaten eingriffen. Da sie hier die Angreifer gewesen waren, befürchteten die Krieger um Lehmann eine harte Strafe. Deshalb beschlossen sie ein weiteres Mal die Flucht aus der Reservation.

Bei einem letzten Zechgelage innerhalb ihrer eigenen Gruppe geriet aber wieder mal alles außer Kontrolle und es kam zu Streit und Gewalt. Selbst die Frauen fielen übereinander her, es gab Verletzte und sogar Tote. Die Krieger, die zu Carnoviste und Lehmann hielten, drängten andere in das Quartier der Soldaten. Dann sammelten sie ihre Sachen zusammen und machten sich auf in die Plains. Nachdem sie einen ganzen Tag unterwegs waren, schlugen sie ihr Lager auf. Sie staunten nicht schlecht, als sie plötzlich von zwölf Kriegern ihrer eigenen Gruppe angegriffen wurden. Etwa die gleiche Anzahl Krieger stellte sich ihnen entgegen. Es entwickelte sich ein heftiger Kampf, der zahlreiche Opfer forderte. Lanzen, Speere und Tomahawks flogen durch die Luft. Carnoviste verhinderte im letzten Moment, dass Lehmann von einem Speer getötet wurde, und traf den Gegner mit seiner Lanze. Doch nur einen Augenblick später brachte ihn der eigene Medizinmann um. Lehmann: „Als Carnoviste fiel, kam dieser Medizinmann mit seiner Winchester auf mich zu und schwenkte sein Schild. Er sagte zu mir: ‚Dies ist dein letzter Tag, denn jetzt stirbst du.‘“[78]

Der Medizinmann hatte früher kaum eine Gelegenheit ausgelassen, um ihn zu quälen, und deshalb mochte Lehmann ihn nie. Aber er war heute kein hilfloser, entführter weißer Junge mehr, der ihm wehrlos ausgeliefert war. Er war voller Hass auf diesen Mann, der seinen Adoptivvater und Anführer getötet hatte. Die Medizinmänner der Apachen waren davon überzeugt, sie wären für Feinde unverwundbar, solange sie sich an das Tabu hielten, kein Schweinefleisch zu essen. Selbst Lehmann glaubte das, trotzdem wich er dem Kampf nicht aus. Der Medizinmann schoss auf den flüchtenden Lehmann, der, nur mit Pfeil und Bogen bewaffnet, seinen Schild vor sich hielt. Er suchte Schutz hinter einem Felsblock, doch sein Verfolger war ihm auf den Fersen. Nachdem sie den Felsen mehrere Male umrundet hatten, drehte sich Lehmann blitzschnell um, zielte mit einem Pfeil unter den Schild des Medizinmannes und traf seinen Magen. Mit zwei weiteren Pfeilen gelang es ihm, seinen Widersacher zu töten. Voller Genugtuung bekannte Lehmann: „Carnoviste war gerächt! [...] Ich war stolz auf meinen Sieg."[79]

Verborgen hinter einem Felsen beobachtete Lehmann das weitere Geschehen im Lager und an den Siegesschreien der Gegner konnte er bald ablesen, dass seine eigenen Leute entweder geflohen oder getötet worden waren. Er sah auch, wie die feindlichen Krieger den getöteten Medizinmann entdeckten. Mit erregtem Geschrei machten sie sich auf die Suche nach dem Schuldigen. Zwar blieb Lehmann unentdeckt, doch seine Gruppe hatte den Kampf verloren und alle seine Vertrauten waren tot. Die siegreiche Gruppe aber würde den Tod des Medizinmannes rächen wollen. Das bedeutete für ihn, dass er sich fortan verstecken und vor seinem eigenen Stamm fliehen musste. Beklommen stellte er fest: „Die Nacht kam, und mit ihr die Erkenntnis, dass ich völlig allein in der weiten Welt war, ohne einen Freund oder Beschützer, ein gejagtes und gehasstes Ding, das sofort getötet werden konnte. Meine Freunde waren alle tot. Wo könnte ich hingehen?"[80]

In dieser Situation erinnerte Lehmann sich an Ete, eine Schwester von Carnoviste. Sie war stets freundlich zu ihm gewesen und er mochte sie sehr. Er schlich in ihr Dorf, um seine Lage mit ihr zu besprechen. Sie riet ihm zur Flucht, versorgte ihn zudem mit Decken, Proviant und Munition und verhalf ihm zu einem guten Pferd. Derart ausgerüstet zog er leise und vorsichtig in eine ungewisse Zukunft. Nach eigenen Angaben war er zu diesem Zeitpunkt 16 Jahre alt.

Das Leben als Einsiedler

Nachdem er viele Tage trockene Ebenen, Berge und Wüsten hinter sich gebracht hatte, kam Lehmann zu einem Canyon. Dort fand er an einem Bach eine gut versteckte Höhle, wo er sich niederließ. Etwa 6 bis 8 Monate verbrachte er dort in der Einsamkeit, bis ihn eines Nachts Stimmen weckten. Kaum mehr als 200 Meter von seiner Höhle entfernt, entdeckte er Menschen an einem großen Lagerfeuer. Im Schutz von Weidenbäumen schlich er sich an das Lager heran und stellte zu seinem Schrecken fest, dass es keine Unbekannten waren: „Ich fand heraus, dass sie Apachen waren, und dass ich jeden von ihnen kannte.“[81] Er vermutete, dass sie von einem Raubzug aus Texas zurückkamen, da sie in der Nähe eine große Pferdeherde zusammen getrieben hatten. Lehmann schlich zurück zu seiner Höhle, packte seine Vorräte aufs Pferd und verließ umgehend den abgelegenen Ort.

Vorsichtig ging er allen Menschen aus dem Weg und vermied jede Begegnung, gleich ob es sich um Indianer, Mexikaner oder Amerikaner handelte. Für seine Winchester besaß er 28 Patronen und mit jedem Schuss konnte er eine Antilope, einen Hirsch oder sogar einen Büffel erlegen. Damit sein Munitionsvorrat möglichst lange vorhielt, jagte er auch mit Pfeil und Bogen. Trotzdem waren seine Patronen irgendwann aufgebraucht und er versteckte sein Gewehr in einer Höhle, um es später mit neuer Munition wieder nutzen zu können. Dazu sollte es allerdings nie kommen.

Er kam in eine Gegend, wo er kaum Wild fand, und er sich deshalb vor allem von Kaktusfrüchten und anderen Pflanzen ernährte. „Ich ging nach Norden und mein Essen und Wasser gingen mir völlig aus. Ich sah eine Herde Antilopen, konnte aber keine erlegen, also ging ich sieben Tage ohne Essen und Wasser. Ich war fast bereit, aufzugeben, mich hinzulegen und zu sterben [...].“[82] Doch dann schaffte er es, ein Stinktier zu töten, was ihn fürs erste rettete. Außerdem gelang es ihm, schlammiges Wasser mit Hilfe von Gras so weit zu filtern und zu reinigen, dass er es trinken konnte.

Auf seinem weiteren Weg machte er einige Büffel aus und schaffte es, ein Kalb von den anderen Tieren zu trennen. Er band es an ein Seil, doch war dem Tier nicht leicht beizukommen. Er riss es um, schleifte es etwas hinter sich her und wollte ihm die Kehle durchschneiden. Aber in seiner Todesangst kämpfte sich das Tier wieder hoch, schmiss Lehmann um und überrannte ihn. Schließlich griff er zu seinem Bogen: „Ich hatte fünfzig Pfeile, die schoss ich alle in den kleinen Büffel, aber ich war so schwach, dass ich ihn nicht töten konnte, und er stieß mich ständig herum."[83] Er stieg auf sein Pferd und ritt mit dem angebundenen Kalb los. Er schleifte es so lange hinter sich her, bis es schwach genug war und tötete es. Das folgende Festmahl entschädigte Lehmann für die Entbehrungen der letzten Monate.

Aber selbst dieser Lichtblick konnte ihn auf Dauer nicht mit den Schattenseiten seines einsamen Lebens versöhnen. Mittlerweile war fast ein Jahr vergangen, seit er die Apachen verlassen hatte und das gemeinsame Leben unter Freunden fehlte ihm. So reifte in ihm der Gedanke, sich den Comanchen anzuschließen.

3 Ein neuer Anfang bei den Comanchen

Herman Lehmann wird Comanche

Eines Tages entdeckte Lehmann eine Indianergruppe und an der typischen Weise, wie ihre Zelte gebaut und die Ohren ihrer Pferde mit einem Spalt gekennzeichnet waren, erkannte er sie sofort als Comanchen.[84] Zwar beherrschte er ihre Sprache nicht, doch konnte er sich mit ihnen über Zeichen verständigen, da er während der Zeit bei den Apachen regelmäßig auf Comanchen gestoßen war. Nur wusste er nicht, in welchem Verhältnis die beiden Stämme aktuell zueinander standen. Lebten sie miteinander in Frieden oder herrschte Krieg? Er beschloss, sein Glück zu versuchen.

Als er sich dem Lager vorsichtig näherte, beobachtete er, wie die Männer herum saßen und dabei erzählten und lachten. Sie schienen gut gelaunt zu sein. Lehmann erklärte: „In der Regel sind die Comanchen ein lebenslustiges Volk, das es liebt zu lachen, während die Apachen mürrisch sind und niemals lachen, außer wenn jemand verletzt wird oder ein Unglück sie trifft."[85] Nachdem er eine Weile abseits die Situation beobachtet hatte, nahm er seinen ganzen Mut zusammen. „Ohne mich vorher zu melden, ging ich direkt auf sie zu! Mein plötzliches Auftauchen löste Bestürzung aus. Mit lautem Kriegsgeschrei und Rufen sprang jeder Krieger auf und verschwand in der Dunkelheit, mich im Feuerschein zurücklassend."[86] Doch bald kamen sie zurück und umringten ihn mit lautem Geschrei.

Lehmann machte die Friedensgeste und versuchte mitzuteilen, dass er ein armer, einsamer Indianer sei, ohne Freunde, und dass er Hunger habe. Eine alte Squaw mit grimmiger Miene näherte sich ihm unbeeindruckt. Sie begann, lauthals zu schimpfen, und er erfuhr später, dass sie darauf gedrängt habe, ihn auf der Stelle zu töten, denn er würde nur Probleme bringen. Schließlich kam ein junger Krieger auf ihn zu, der die Apachensprache beherrschte. Ihm erzählte Herman seine ganze Geschichte. Ein anderer Krieger bezeugte, ihn früher schon bei den Apachen gesehen zu haben und auch Carnoviste zu kennen. Nachdem Lehmann alles wahrheitsgemäß und ohne Übertreibung berichtet hatte, bot man ihm an, zu bleiben. Er erhielt von den Frauen Essen und man bereitete ihm eine Pritsche zum Schlafen. Seit vielen Monaten fühlte er sich erstmals wieder unter Freunden, sicher und zufrieden.

Am nächsten Morgen brach die Gruppe zum Hauptlager des Stammes auf, wo Lehmann sich einer Ratsversammlung und dem obersten Anführer Cotopah stellen sollte. Dort bekräftigte er seinen Wunsch, dem Stamm beizutreten. Er musste viele Fragen beantworten und erklärte ihnen, dass er zwar weiß sei, aber dennoch ein Indianer. So würde er rohes Fleisch essen, das warme Blut des Wolfes trinken, um so wild wie er zu werden, und seine Pfeile mit dem Gift der Klapperschlange präparieren. Seine Worte überzeugten sie.

Nachdem gemeinsam eine „Friedenspfeife" geraucht worden war, begann für Lehmann eine feierliche Zeremonie. „Wir rauchten, marschierten herum, legten unsere rechte Hand auf unser Herz und hoben sie dann zum Himmel. Dieser Prozess begann langsam, doch beim Marschieren verdoppelten wir unseren Schritt und schlugen schnell und mit großer Kraft auf unsere Brust […]."[87] Lehmann versprach, im Frieden wie im Krieg alle Pflichten eines Comanchenkriegers zu erfüllen und wurde in den Stamm aufgenommen. „Ich bin seitdem Comanche geblieben, und die gleichen Privilegien, die mir in dieser feierlichen Stunde verliehen wurden, besitze ich bis heute, und ich werde von allen Comanchen als Stammesangehöriger anerkannt […]."[88] Er erhielt den Namen Montechena, unter dem er auch in den Stammesaufzeichnungen in Washington geführt wurde: Montechena Herman Lehmann.[89]

Man erlaubte ihm, sich eine Familie auszusuchen, mit der er leben wollte und die ihn aufnehmen und adoptieren sollte. Er brauchte nicht lange überlegen: „[…] ich habe Cotopah, der die Apachensprache beherrschte, als meinen Bruder gewählt, und ich habe meine Wahl nie bereut, denn Cotopah hat sich in vielerlei Hinsicht als Bruder erwiesen."[90] Lehmanns Entscheidung wurde wiederum rituell besiegelt. Nachdem er verschiedene symbolische Handlungen ausgeführt hatte, „[…] kam der

Häuptling und stieß unsere Köpfe zusammen, dann war ich ein richtiger Comanche [...].“[91]

Auf Raubzug mit den Comanchen

Die Comanchen akzeptierten Lehmann von Beginn an als einen der ihren und schon nach kurzer Zeit durfte er sie auf einen ersten Raubzug begleiten. Dabei stellte er fest, dass der beste Medizinmann im Lager bei den Frauen blieb, um zurückgekehrte Verwundete zu versorgen. Die Apachen handhabten es dagegen umgekehrt und schickten den fähigsten Medizinmann mit den Kriegern. Sie glaubten, die magischen Fähigkeiten dieser speziellen Medizinmänner würden ihnen im Kampf von Nutzen sein. Auf einfachen Beutezügen waren diese Spezialisten zwar nicht dabei, doch bei größeren kriegerischen Unternehmungen durften sie bei den Apachen nicht fehlen.[92]

Sie waren noch nicht lange unterwegs, als sie einem mexikanischen Wagenzug begegneten. Unter lauten Schreien umzingelten und beschossen sie ihn. Einige Mexikaner konnten fliehen, andere wurden getötet und skalpiert, zwei Mädchen und ein Junge gefangen genommen. Außerdem machten sie reiche Beute: Die Wagen waren beladen mit Handelswaren wie Decken, Mehl, Zucker, Tabak, Patronen und Gewehren. Nachdem sie sich wieder mit ihren nachrückenden Familien vereinigt und einen Lagerplatz gefunden hatten, bereiteten sie alles für den Skalptanz vor. „Die erbeuteten Skalps wurden auf Pfähle gesteckt und wir veranstalteten einen großen Skalptanz, die Squaws gingen nach links und die Krieger nach rechts, tanzend, schreiend und rufend, was den ganzen Tag und die ganze Nacht und einen Teil des nächsten Tages andauerte. Dann wurde die Beute geteilt."[93]

Es sollen hier auch die ambivalenten Beziehungen der meisten Plainsstämme zu den Mexikanern erwähnt werden. Zwar konnten diese Opfer von Gewalt werden, doch schützten ihre Handelskontakte zu den Indianern sie oft auch vor Überfällen. So schilderte Lehmann eine Episode aus seiner Zeit bei den Apachen, als diese eine mexikanische Familie überfielen und töteten. Zwei Kinder, einen Jungen und ein Mädchen, nahmen sie mit zurück ins Lager. Sie wurden dort gut behandelt. Lehmann betonte: „[...] die Indianer respektierten die Mexikaner und waren freundlich zu ihnen, aber dennoch würden sie auch gelegentlich gegen sie kämpfen und sie bestehlen. [...] Es war keine große Ehre, einen mexikanischen Skalp an seinem Gürtel zu tragen, denn sie versorgten uns mit Waffen, Munition und vielen anderen notwendigen Dingen so wie gutem Whisky und Mescal."[94]

Eine berüchtigte Ausprägung dieser speziellen Geschäftsbeziehung waren die Comancheros, mexikanische Banditen und Händler, die ihren Namen dem gesetzwidrigen Handel mit den Comanchen verdanken. Sie trafen sich im östlichen New Mexico mit den Indianern, boten ihnen verschiedene Waren des alltäglichen Gebrauchs, aber auch Waffen und Alkohol an und erhielten im Tausch dafür gestohlenes Vieh. Die Tiere konnten sie in New Mexico, wo die Texas Rangers keinen Zugriff hatten, mit hohem Gewinn verkaufen. Ein weiterer Aspekt ihres Geschäftsmodells war „der Handel mit weißen Gefangenen, meist Frauen und Mädchen, die sie an Bordelle und Sklavenhändler verkauften."[95]

Frauen und Kinder

Lehmann hatte reichlich Gelegenheit, sowohl bei Apachen als auch bei Comanchen das Verhalten der Frauen und den Umgang mit ihnen zu beobachten. Manches davon hat er in seinem Bericht festgehalten. So fiel ihm auf, dass die Frauen zwar nicht für die Herstellung der Waffen und Pfeifen zuständig waren, aber darüber hinaus fast alle übrigen Tätigkeiten im Lager ausführten[96], auch wenn es zwischen den einzelnen Apachenstämmen gewisse Unterschiede gab. So lag auch die Verantwortung für die Kinder überwiegend in den Händen der Frauen, bis die Jungen ab einem Alter von 6–7 Jahren von den Männern nach und nach auf ihre zukünftige Rolle als Krieger vorbereitet wurden, indem man sie zunächst mit Pfeil und Bogen vertraut machte.

Zwar war die Jagd in der Regel die Domäne der Männer, doch gab es Ausnahmen, wie bei den Lipan-Apachen, wo die Frauen auch an der Antilopenjagd teilnahmen. In allen Apachengruppen gehörte aber vor allem das Sammeln von Pflanzen und Früchten zu ihren Aufgaben. Erstaunlich ist, dass die Frauen sogar für den Bau der Unterkünfte, der einfacheren Wickiups im Westen und auch der Tipis im Osten, zu sorgen hatten.[97] Normalerweise durften die Apachenfrauen den Stammesberatungen beiwohnen, doch sprachen sie nur, wenn sie glaubten, etwas besonders Wichtiges beisteuern zu können.[98]

Auch die Comanchenfrauen waren für die Zubereitung des Essens, der Kleidung und der Unterkunft, sowie die Versorgung der Kinder verantwortlich. Außerdem folgten sie ihren Männern bei der Jagd mit Packtieren und Messern, um die Häute der erlegten Tiere abzuziehen und zum Lager zu transportieren.[99] Manchmal konnten auch sie an den Beratungen teilnehmen und bei seltenen Gelegenheiten war es ihnen erlaubt, zu sprechen. Dies scheinen aber wohl Ausnahmen und nicht die Regel gewesen zu sein.[100]

Schon während seines Aufenthaltes bei den Apachen hatte sich für Lehmann die Möglichkeit, eine Familie zu gründen, geboten. Eine andere Apachengruppe, die in ihr Lager kam, führte ein hübsches mexikanisches Mädchen bei sich und ihr „Besitzer" schlug Carnoviste vor, es mit Herman Lehmann zu verheiraten. Dieser war grundsätzlich einverstanden und sprach mit Lehmann darüber. Und der erinnerte sich später: „Der Preis für das Mädchen betrug zwei Pferde und Carnoviste war bereit ihn zu zahlen. Ich dachte, dass sie das hübscheste Mädchen war, das ich je gesehen habe."[101]

Sowohl bei Apachen als auch bei Comanchen war es üblich, den Eltern der Braut, oder in diesem Fall dem Besitzer des Mädchens, einen Brautpreis zu entrichten. Normalerweise war es der Mann, der seinem zukünftigen Schwiegervater ein Angebot unterbreitete. In der Regel wurden mindestens ein oder mehrere Pferde angeboten, aber auch verschiedene andere

Wertgegenstände wie Decken oder ein Sattel. Akzeptierte der Brautvater das Angebot, war die Angelegenheit damit erledigt.[102] Doch obwohl Lehmann von der Schönheit des Mädchens beeindruckt war und der Brautpreis angenommen worden wäre, wurde nichts aus der Verbindung. Beide, Lehmann und auch das Mädchen, waren gegen die Heirat und die Weigerung der jungen Leute wurde akzeptiert. Lehmann bemerkte: „[...] sie wollte keinen Mann und ich keine Frau, außerdem wollte ich nicht, dass ein anderer eine für mich aussucht. So kam also eine gut arrangierte Ehe nicht zustande."[103]

Lehmann erwähnt nicht, dass das junge Paar bei den Apachen sich keineswegs völlig frei sein eigenes Leben hätte aufbauen können. Vielmehr forderte der Brauch der „Matrilokalität", dass der Ehemann mit seiner Braut stets bei seinen Schwiegereltern lebte und verpflichtet war, neben seiner Frau auch diese zu versorgen und ihren Anweisungen zu folgen.[104] So hätte er nach einer Heirat wohl seinen „Adoptivvater" Carnoviste verlassen müssen.

Mittlerweile bei den Comanchen war Lehmann aber in ein Alter gekommen, wo Mädchen eine stärkere Anziehungskraft für ihn bekommen hatten. Er fühlte sich zu einer jungen Comanchin namens Topay hingezogen, die seine Gefühle auch erwiderte. Ihr Vater war mit dem Kontakt allerdings nicht einverstanden und verlangte, dass er sich von seiner Tochter fern halten solle. Herman dachte jedoch nicht daran und schlich sich eines Nachts, wie verabredet, in ihr Zelt, wo ihre Eltern sich bereits schlafen gelegt hatten. Er erzählte ihr von der Warnung ihres Vaters, doch das Mädchen zerstreute seine Bedenken.

Bild 3: Zwei Comanchenfrauen mit Kind – Frauen spielten bei den Stammesberatungen zwar keine große Rolle, dennoch hatten sie Einfluss. Der entführte Adolph Korn überlebte bei den Comanchen nur Dank des beherzten Eingreifens einer älteren Comanchin. Und als Lehmann beim Tod seiner Adoptivmutter ebenfalls getötet werden sollte, rettete der mutige Einsatz eines Apachenmädchens sein Leben.

Beide dachten, der Vater schlafe tief und fest und Lehmann freute sich auf ein ungestörtes Liebesabenteuer: „Ich flüsterte ihr süße Worte der Liebe zu und genoss die elysische Glückseligkeit hier auf Erden, als ich plötzlich einen harten Tritt spürte, und ich brauchte keinen zweiten Hinweis, denn ich wusste, es war ihr Vater mit dem Zeh seines Mokassins."[105]

Lehmann stürzte nach draußen und lief um das Zelt. Doch Topays Vater kam ihm von der anderen Seite entgegen und schoss einen Pfeil auf ihn, der in seinem Knie stecken blieb. Topay wies ihren Vater zurecht und schließlich tat es dem alten Mann wohl auch leid. Er war dem verletzten Herman behilflich und bot ihm am Ende sogar seine Tochter gegen zwei Ponys zur Squaw an. Doch Lehmann war anscheinend die Lust vergangen: „Aber ich scheute mich und habe seitdem Angst vor Frauen gehabt". Und er fügte hinzu: „Die Wunde war sehr schmerzhaft und ich war deswegen lange Zeit lahm."[106] Wären sich jedoch alle einig gewesen, so hätte es nach der Übergabe des Brautpreises keine weiteren Rituale geben müssen. Lehmann betonte: „Es gab keine religiöse Zeremonie, keine Vorführung, keine Beschwörungsformeln oder irgendetwas anderes, das die Hochzeit beeindruckend oder von mehr als nur flüchtigem Interesse gemacht hätte."[107]

Darüber wie die Apachen mit ihren Frauen umgingen, urteilte Lehmann unmissverständlich und knapp: „Die Apachen waren gemein zu ihren Squaws und nachsichtig zu ihren Kindern."[108] Nicht erst nach der Heirat stand bei den Apachen das Verhalten der Frau unter genauer Beobachtung, denn voreheliche Kontakte zwischen den Geschlechtern waren sehr begrenzt. Kam es dennoch zu unerlaubten intimen Beziehungen und wurden diese entdeckt, konnte die Verbindung, sofern sich alle Beteiligten einig waren, nachträglich legalisiert werden. Doch akzeptierten die Eltern des Mädchens den Partner nicht als Schwiegersohn, litt sowohl das Ansehen der Tochter als auch das der Eltern. Für diese war damit zudem ein wirtschaftlicher Verlust verbunden, denn sie würden ihre Tochter nur noch „unter Wert" verheiraten können. Doch anstelle eines materiellen „Schadenersatzes" wurde meist eine körperliche Bestrafung des Mannes gefordert.[109]

Die Männer der Apachen standen im Ruf, sehr eifersüchtig zu sein und wenn sie sich betrogen fühlten, konnten sie zur härtesten Strafmaßnahme greifen. Es gab unter den Apachen eine Sitte, die die Frauen für ihr ganzes weiteres Leben stigmatisierte. So bestraften die Männer ihre untreuen Frauen, indem sie ihnen Teile der Nase oder sogar die ganze Nase abschnitten. Lehmann konnte das bezeugen und erzählte wie der Apachenkrieger Tusciwhoski seine Frau beim Ehebruch mit einem Mexikaner erwischte: „Er tötete den Händler und schnitt seiner Frau die Nase ab, was die Strafe einer Squaw für solche Vergehen war [...]."[110] Während der regelmäßigen Trinkgelage konnten leicht hingeworfene Bemerkungen zu Verdächtigungen und Streit führen, was die Eifersucht meist noch verstärkte. Diese Auseinandersetzungen eskalierten oft und im Endeffekt mussten mehr Frauen diese grausame Strafe erleiden, als es tatsächliche Verfehlungen gab.[111]

Dieser Brauch wurde vereinzelt auch von Stämmen der nördlichen Ebenen ausgeübt und sogar den Comanchen war diese Form der Strafe bekannt.[112] In den Quellen finden sich jedoch kaum Hinweise darüber, und deshalb kann wohl davon ausgegangen werden, dass sie bei ihnen nicht so eine große Rolle spielte wie bei den Apachen.

Auch wenn Lehmann den Eindruck vermittelt, die Comanchen hätten ihre Frauen besser behandelt als die Apachen, geht er im einzelnen doch nicht weiter auf ihre Situation ein. Deshalb soll hier kurz ergänzt werden, dass bei den Comanchen der Ehemann berechtigt war, seine Frau bei bloßen Verdacht auf Ehebruch sogar zu töten. Zwar versuchte die Familie der Frau zunächst meist, ihn mit Geschenken umzustimmen, dennoch stieß eine ausgeführte Tat auf soziale Akzeptanz. Selbst ein Bruder besaß dieses sozial anerkannte Recht, über seine Schwester zu verfügen.[113]

Wie in den meisten traditionellen Kulturen war die Ehe bei den Prärie- und Plainsstämmen mehr ein Band zwischen zwei Familien, als zwischen zwei Personen. Um das Auseinanderbrechen einer auf diese Weise gebildeten Fusion zu verhindern, heiratete zumeist eine Witwe den Bruder ihres verstorbenen Mannes („Levirat") und ein Witwer die Schwester seiner toten Frau („Sororat").[114] So war es auch bei den Comanchen. Bereits zu seinen Lebzeiten besaßen die Brüder des Ehemannes gewisse Rechte auf dessen Frau. In einer Art vorwegnehmendem Levirat konnten Brüder ihre Frauen untereinander „ausleihen". „Sexuelle Eifersucht zwischen Brüdern war gesellschaftlich verpönt."[115] Allerdings hätte es den Mann verärgert, wenn seine Frau heimlich oder aus eigenen Stücken zu seinem Bruder gegangen wäre. Einen Ehemann, der seine vermeintliche Eifer-

Bild 4: Die Aufnahme dieser Apachenbraut stammt vermutlich aus dem frühen 20. Jahrhundert. Nach ihrer Hochzeit konnte eine Apachin in der Nähe ihrer Familie bleiben. Ihr Ehemann aber musste sein Leben bei den Eltern aufgeben, um sich mit seiner Braut unweit der Schwiegereltern niederzulassen.

sucht in diesen konkreten Fällen nicht auslebte, belohnte die Gemeinschaft dafür mit einer Wertschätzung seiner Großzügigkeit.[116]

Wie Lehmann bemerkte, löste die Geburt eines Jungen bei den Apachen im Lager großen Jubel aus, denn der Stamm wurde mit einem zukünftigen Krieger gestärkt. Die Geburt eines Mädchens nahm man dagegen kaum zur Kenntnis. Lehmanns vereinzelte Beschreibungen von Apachenfrauen mit Neugeborenen lassen sich mit unseren Vorstellungen von „Mutterliebe" kaum vereinbaren. „Ich habe Squaws gekannt, die ein Kind zur Welt brachten, es sofort aussetzten und mit ihrer Gruppe weiter zogen [...]. Ich kannte eine Squaw der Apachen, die Zwillinge gebar, und sie wurde so wütend, weil es zwei Kinder waren statt nur eines, dass sie ihren Nachwuchs zu Tode getrampelt hat und ihre kleinen Körper den Geiern zum Fraß überließ."[117]

Diese Aussagen sollten jedoch nicht verallgemeinert werden, denn in anderen Berichten über die Apachen heißt es, dass in allen ihren Stämmen Kinder sehr geschätzt wurden.[118] Doch weil man davon ausging, dass nur ein Kind bei Zwillingsgeburten überleben würde, heißt es auch: „Eines der Neugeborenen wurde normalerweise bei der Geburt getötet. Wenn eines ein Junge und das andere ein Mädchen war, wurde der Junge behalten."[119] Zudem wurde die Geburt von Zwillingen, vor allem bei den Chiricahua-Apachen, wohl auch als ein Indiz einer untreuen Frau angesehen.[120]

Bei den Comanchen fiel Lehmann im Gegensatz zu den Apachen insgesamt ein entspannterer Umgang mit den Kindern auf: „Die Frauen der Comanchen waren freundlicher zu ihren

Kindern und die Geburten fanden gewöhnlich in den Dörfern statt. [...] Sie ernährten das neugeborene Baby sorgsam und schenkten ihren Kindern, ob männlich oder weiblich, jene mütterliche Zuneigung, die dem Kind zustand."[121]

Auch ethnologische Arbeiten über die Comanchen betonen, dass sie neugeborene Kinder schätzen und als Bereicherung ansehen. Allerdings wird zugleich auch daraufhin hingewiesen, dass Mädchen zwar akzeptiert, Jungen jedoch deutlich bevorzugt würden. Über den Umgang mit Zwillingen bei den Comanchen hat Lehmann keine Beobachtungen festgehalten, aber es gibt dazu verschiedene Aussagen. So könnte eine Frau, die zwei Söhne zur Welt bringt, dafür geehrt werden, aber es wären auch ganz andere Reaktionen denkbar. Manche Eltern versuchen daher eines der beiden Kinder zu töten, vor allem wenn es sich um zwei Mädchen handelte. Gängigere Praxis war es aber wohl, für eines der Kinder eine Pflegefamilie zu suchen, was jedoch nicht immer gelang. Es gibt überlieferte Fälle, wo dem Mann die Geburt von Zwillingen verheimlicht wurde. Aus Furcht, er könnte beide töten, brachte die Mutter selbst anschließend eines der beiden Kinder um.[122]

Hatten Mädchen nach einem erotischen Abenteuer oder Frauen nach einem Seitensprung ein Kind zur Welt gebracht, versuchten sie möglichst, das Ereignis vor der Gemeinschaft zu verbergen. Als Lehmann während seiner Zeit bei den Apachen mit einigen Kriegern unterwegs war, entdeckte er in einem verlassenen Tipi sieben Babys. Für ihn schien der Fall klar zu sein: „Zweifellos gehörten die meisten von ihnen unverheirateten Mädchen. Ich konnte sie nicht mitnehmen, also wurden sie dort in der Wildnis zurück gelassen, um von wilden Tieren gefressen zu werden oder zu verhungern."[123]

Konflikte mit Tonkawa, Büffeljägern und Soldaten

Die Comanchen kehrten mit Lehmann nach einem ihrer Raubzüge wieder in ihr Lager zurück und fanden es verlassen vor. Die entdeckten Kampfspuren verrieten ihnen, dass das Lager gemeinsam von Weißen und Kriegern vom Stamme der Tonkaway (heute: Tonkawa) angegriffen worden war. Comanchen und Tonkawa waren seit langer Zeit miteinander verfeindet. Die Tonkawa hassten ihren großen Nachbarstamm, den sie wohl auch für ihre schlechte Lebenssituation verantwortlich machten. Schließlich taten sie sich mit den Weißen zusammen und dienten ihnen als Scouts im Kampf gegen die Comanchen.

Einige Zeit später gerieten bei einem Überfall der Tonkawa drei Comanchenkrieger in deren Gefangenschaft. Daraufhin griffen die Comanchen ihre Erzfeinde an, überraschten sie mit ihrem Kriegsruf während eines Fests und töteten einige Tonkawa, die meisten aber konnten zunächst fliehen. Als die Comanchen das Lager näher in Augenschein nahmen, fuhr ihnen der Schrecken in die Glieder: „[...] was haben wir wohl auf diesem Feuer beim Braten gefunden? Ein Bein eines Comanchen! Ein Krieger unseres Stammes! Unser Häuptling schrie nach Rache, und wir alle folgten seinem Beispiel."[124]

Augenblicklich setzte eine zu allem entschlossene und an Raserei grenzende Jagd auf die geflohenen Tonkawa ein. Diese hatten sich in einer Schlucht verborgen gehalten und verteidigten sich mit ihren Gewehren verzweifelt gegen die angreifenden Comanchen. Doch ihr Widerstand war vergeblich.

Was die 40 bis 50 verwundeten Tonkawa nun erwartete, dürfte nicht nur für empfindsame Gemüter schwer zu ertragen sein. Lehmann berichtete: „Viele der sterbenden Feinde forderten keuchend Wasser, aber wir beachteten ihr Flehen nicht. Wir skalpierten sie, amputierten ihre Arme, schnitten ihre Beine ab, schnitten ihre Zungen heraus und warfen ihre verstümmelten Körper und Gliedmaßen auf ihr eigenes Lagerfeuer, legten mehr Reisig dazu und stapelten die lebenden, sterbenden und toten Tonkaways auf das Feuer."[125] Die Comanchen tanzten in großer Freude um den brennenden „Scheiterhaufen" herum. Zurück im Lager wurde für die getöteten Comanchenkrieger ein Trauertanz durchgeführt und die Frauen fügten sich Schnittwunden an ihrem Körper, im Gesicht und an den Gliedmaßen zu, die Monate brauchten, um zu verheilen.

Obwohl es nur wenige Augenzeugen gibt, wird der Kannibalismus der Tonkawa nicht angezweifelt. Der Brauch, Körperteile ihrer getöteten Feinde zu verspeisen, machte sie unter den benachbarten Stämmen jedoch zu Außenseitern. Doch einige von ihnen, wie die Caddo oder die Wichita, waren lange Zeit ebenfalls Kannibalen gewesen. Sie hatten allerdings diese Tradition gegen Ende des 18. Jahrhundert aufgegeben, während alle diesbezüglichen Belege über die Tonkawa aus dem 19. Jahrhundert stammen.

Bild 5: Der Tonkawa-Anführer Grant Richards mit seiner Frau. Er überlebte ein Massaker, das mehrere Plainsstämme im Oktober 1862 an den Tonkawa verübten und bei dem etwa 137 Männer, Frauen und Kinder ums Leben kamen. Während die angreifenden Delaware, Shawnee und Osage im Bürgerkrieg für die Nordstaaten kämpften, waren die Tonkawa Verbündete der Konföderierten.

Da es sich um eine Art von sakralen oder religiösen Kannibalismus handelte, ging es dabei um mehr als um den bloßen Akt der Nahrungsaufnahme. Man beabsichtigte, die positiven Eigenschaften und Fähigkeiten des toten Feindes, wie Mut, Stärke oder Kriegsglück, in sich aufzunehmen. Deshalb verschmähte man in der Regel auch das Fleisch eines Feindes, der im Kampf durch Feigheit aufgefallen war.[126] Grob vereinfacht könnte man die zugrunde liegende magische Vorstellung mit der folgenden bekannten Formel zusammenfassen: „Du bist, was du isst."

Durch den Ausbau der Eisenbahn waren die Menschen nicht mehr auf die beschwerlichen Wagentrecks angewiesen und konnten auch bisher schwer zugängliche Gebiete besser erreichen. Weil die Bahn ihre Arbeiter mit dem Fleisch von „Büffeln" versorgte, trug sie zur Dezimierung dieser Tiere bei (biologisch korrekte Bezeichnung „Amerikanischer Bison"). Später wurde es zu einem Freizeitvergnügen, Bisons aus den fahrenden Zügen heraus zu erlegen.[127] Die systematische Ausrottung der Büffel, die in den 1870er-Jahren einsetzte, führte dazu, dass allein in den südlichen Plains innerhalb von nur zwei Jahren über 5 Millionen Tiere getötet wurden.[128] So konnte William F. Cody, der als Jäger für die Union Pacific arbeitete und unter dem Namen „Buffalo Bill" große Bekanntheit erlangte, sich damit brüsten, innerhalb von 18 Monaten über 4000 Tiere erlegt zu haben.[129] Ein weiterer Grund für das massenhafte Abschießen der Tiere war die große Nachfrage an Fellen und die hohen Preise, die für sie gezahlt wurden.[130]

Das exzessive Töten der Bisons veränderte die Lebensweise der Comanchen nachhaltig. In immer größerer Zahl drangen

Bild 6: William F. Cody war eine der legendären Gestalten des „Wilden Westens": Kurierreiter, Scout, Büffeljäger und Pionier des amerikanischen Showgeschäfts. Zu „Buffalo Bill" machten ihn allerdings erst die Groschenromane von Ned Buntline, der seine Abenteuer phantasiereich ausschmückte.

die weißen Jäger in ihre Jagdgründe ein und vernichteten ihre Nahrungsgrundlage. Lehmann bemerkte dazu: „Wir sahen oft große Wagenladungen voller Häute, die weggeschleppt wurden, und fanden die Kadaver von tausenden geschlachteten Büffeln. Dieses mutwillige Abschlachten unserer Nahrungsgrundlage zu sehen, machte uns verzweifelt."[131] Nachdem 1874 die von Quanah Parker angeführten Comanchen und verbündeten Indianer bei ihrem Angriff auf die Büffeljäger von Adobe Walls trotz großer Übermacht zurückgeschlagen wurden, waren sie entmutigt und besorgt. Es sollte ihr letzter großer Kampf in den südlichen Plains gegen die Weißen sein.

Auch andere Stämme der Prärien und Plains unternahmen in den 1870er Jahren noch einmal verzweifelte Anstrengungen, um ihr traditionelles Leben mit Waffengewalt zu verteidigen. Das berühmteste Beispiel ist sicherlich der siegreiche Kampf der Sioux gegen Custers Soldaten 1876 am Little Big Horn. Doch auch dieser Triumph war nur eine kleine Atempause, die ihr endgültiges Schicksal nicht aufhalten konnte.[132]

Im Dezember 1876 verließen über 100 Comanchenkrieger unter Führung des Kwahadi Black Horse mit ihren Familien die Reservation, um zu jagen. Bei ihrem Zug auf den Llano Estacado trafen sie im folgenden Februar auf eine Gruppe von Büffeljägern und griffen deren Lager an. Dabei töteten sie einen der Jäger, stahlen die Pferde und lösten damit den sogenannten „Buffalo Hunters War" aus. Auch Lehmann wird mit diesen Aktionen in Verbindung gebracht.[133]

Er selbst jedenfalls schilderte, wie er mit seiner Gruppe einen Büffeljäger tötete, während es zwei weiteren gelang, zu entfliehen. „Wir gingen in das Lager der Jäger und zerstörten alles, was wir dort fanden und was wir nicht mitnehmen wollten. Wir gingen dann zurück zu dem getöteten Jäger und nahmen zwei Skalplocken von seinem Kopf [...].“[134] Allerdings geht aus seinem Bericht nicht zweifelsfrei hervor, dass es sich dabei um den zuvor geschilderten Vorfall handelt. So wird auch Black Horse von ihm an keiner Stelle erwähnt. Zudem hatte sich Lehmann mit seiner Gruppe zuvor ja nicht wie Black Horse auf der Reservation von Fort Sill befunden, und er schreibt auch nicht, dass diese beiden verschiedenen Gruppen sich später tatsächlich begegnet wären und sich vereinigt hätten.

Black Horse zog jedenfalls mit seinen Kriegern weiter und eine Gruppe weißer Jäger folgte ihrer Fährte. Am 18. März 1877 kam es zu einem überraschenden Angriff der Büffeljäger am Yellow House Canyon in der Nähe des heutigen Lubbock, Texas. Es heißt, Lehmann sei hierbei verwundet worden.[135]

Tatsächlich berichtete auch Lehmann von einem Angriff weißer Jäger auf ihr Lager und dass er dabei von einem Büffelgewehr ins Bein getroffen wurde. „Ich erhielt diese Wunde beim Kampf mit weißen Männern, die unser Lager eines Morgens kurz nach Tagesanbruch angriffen [...] eine Zeit lang sah es so aus, als ob sie uns vernichtend schlagen würden.“[136] Allerdings lassen sich auch hier nicht alle Zweifel ausräumen, ob es sich dabei tatsächlich um den zuvor beschriebenen Kampf am Yellow House Canyon handelte.

Als Lehmanns Comanchengruppe nach einem geglückten Pferdediebstahl in ihr Lager zurückkehrte, machte sie eine schreckliche Entdeckung. Weiße Soldaten hatten gemeinsam mit Tonkawa das Lager überfallen, einige Frauen erschlagen und, wie sie später erfuhren, fünf Frauen und mehrere Kinder entführt und nach Fort Griffin gebracht. Die meisten anderen Frauen waren weggelaufen und hatten sich versteckt. Den alten Krieger Batsena fanden sie tot, verstümmelt und skalpiert. Auch dessen Tochter Nooki, ein schönes, junges Mädchen, war tot, skalpiert und ausgeweidet. Weitere verstümmelte Körper verrieten die Handschrift der Tonkawa. Nachdem die geflohenen Frauen und Alten sich wieder eingefunden und von den traurigen Details berichtet hatten, kannte die Wut der Krieger keine Grenzen und man berief eine Ratsversammlung ein. Lehmann erinnerte sich: „In unserem Rat schworen wir, zehn weiße Frauen und doppelt so viel weiße Kinder zu entführen, und um den Tod unserer Squaws, insbesondere Nooki, zu rächen, schworen wir für jedes ihrer Lebensjahre (sie war etwa 18 Jahre alt) eine weiße Frau zu töten, und dass wir alle, die wir getötet haben, ausweiden würden."[137]

Die Begegnung mit Quanah Parker

Doch trotz aller Wut entmutigte dieser Vorfall die Comanchen derart, dass sie zu einer sofortigen Rache nicht in der Lage waren. Sie verließen ihr Lager, um in die Ebenen zu gehen und zunächst ihre Kräfte zu sammeln. Dort wurden sie von dem wohl prominentesten Comanchenanführer jener Zeit aufgesucht: Quanah Parker. Dieser hatte selbst erst vor zwei Jahren,

Bild 7: Quanah Parker, der Sohn der Entführten Cynthia Ann Parker und des Comanchen Peta Nocona, wollte die Bedingungen für einen Frieden mit den USA nicht akzeptieren. Im Juni 1874 führte er mit verbündeten Stämmen bei Adobe Walls den letzten großen vergeblichen Angriff gegen die Weißen. Ein Jahr später kapitulierte er mit 400 Kwahadi-Comanchen und ging auf die Reservation von Fort Sill.

im Juni 1875, seinen Widerstand gegen die Weißen aufgegeben. Mit vier weiteren Indianern kam er ihnen aus Fort Sill entgegen und drängte die Gruppe, ihr altes, freies Leben hinter sich zu lassen. Er sagte, die Weißen hätten sie bereits von allen Seiten eingeschlossen und ihre vertraute Welt gehe unabwendbar zu Ende. Deshalb sei es zwecklos weiter zu kämpfen, und stattdessen Zeit, jetzt auf die Reservation zu gehen. Dort würde der „Große Weiße Vater" in Washington für sie sorgen und nach gewisser Zeit bekämen sie auch die Dinge des Weißen Mannes wie gute Pferde und Vieh sowie schöne Kleidung.

Tatsächlich waren mittlerweile in allen Himmelsrichtungen Siedlungen entstanden und die Armee besaß Stützpunkte in vielen Teilen des Landes. Die Rancher schützten ihr Land jetzt immer öfter mit dem neuartigen Stacheldraht, der die Jagdgebiete der Indianer zum Teil durchschnitt. Die Zeit der freien Prärieindianer war endgültig vorbei.[138] In der Reservation von Fort Sill sollte es den meisten möglich sein, in Tipis auf freiem Feld zu campieren, doch mussten sie zentrale Aspekte ihres Lebens aufgeben: die Jagd und ihre Beutezüge.[139]

Nach Parkers Rede kam es in Lehmanns Gruppe zu heftigen Auseinandersetzungen. Einige waren bereit, auf die Reservation zu gehen, andere aber weigerten sich mit Nachdruck. Letztlich konnte man sich aber doch einigen. „Quanah blieb etwa vier Tage bei uns und versprach, dass wir, wenn wir nach Fort Sill gehen würden, in keiner Weise bestraft oder verletzt würden [...]. Schließlich war unsere Gruppe einverstanden, mit zu kommen, und als sich Quanah auf den Weg machte, begleiteten wir ihn."[140]

Einige hatten sich der Gruppe jedoch nur widerwillig angeschlossen, unter ihnen Cotopah aus Hermans „Comanchenfamilie“ und Herman Lehmann selbst. Als sie etwa 15 Meilen vor Fort Sill am Horizont die Staubwolke der entgegenkommenden Soldaten entdeckten, die sie in Empfang nehmen wollten, wendete Lehmann sein Pferd mit einem plötzlichen Ruck und, als ginge es um sein Leben, preschte er dorthin zurück, wo er hergekommen war. Doch Quanah Parker setzte ihm nach und konnte ihn nach 3–4 Meilen einholen. „Er sagte mir, dass ich keine Angst haben müsse und dass mir nichts passieren würde. Ich weigerte mich mit ihm zu gehen; dann sagte er mir, ich solle zu seinem Lager gehen und gab mir eine Wegbeschreibung, wie ich dort hin komme.“[141]

Lehmanns Stammeskameraden waren indessen von den Soldaten entwaffnet worden. Die erste Zeit hielt man sie in Fort Sill gefangen, wo sie anschließend als Helfer für Farmarbeiten eingeteilt wurden. Herman Lehmann jedoch bekam keinen einzigen Soldaten zu Gesicht und hatte in Parkers Lager das Privileg, nur dessen Anweisungen folgen zu müssen. Er versorgte seine Pferde, konnte manchmal sogar zur Jagd ausreiten und war im Großen und Ganzen mit seiner Lage einverstanden. Im selben Jahr, 1877, adoptierte ihn Quanah Parker und nahm ihn in seine Familie auf.[142]

Neben den weißen Soldaten fürchtete Lehmann aber nach wie vor die Rache der Apachen. Nachdem er entdeckt hatte, dass auch Krieger seiner ehemaligen Gruppe in Fort Sill lebten, erwachte diese Sorge in ihm erneut. „Ich bezweifelte nicht, dass sie versuchen würden, mich zu töten, also war ich besonders wachsam."[143] Und er sollte Recht behalten. Als er eines nachts allein auf dem Rückweg zum Lager war, wurden mehrere Schüsse auf ihn abgegeben. Er ließ sich vom Pferd fallen und blieb regungslos liegen. Es wurde nochmals auf ihn geschossen und er konnte erkennen, aus welcher Richtung die Schüsse abgegeben worden waren. Er stand auf und erwiderte das Feuer. Wenig später hörte er das Stöhnen eines Verletzten, den er aber nicht finden konnte.

Anschließend berichtete er Quanah Parker von dem Vorfall. Der rief seine Leute zusammen und stellte fest, dass fünf von ihnen fehlten. Als man sie wenig später fand, zeigte sich, dass

Bild 8: Comanchen vor ihren Zelten in der Reservation von Fort Sill im damaligen Indianerterritorium, dem heutigen Oklahoma.

einer von ihnen verwundet war. Die Männer gaben schließlich zu, dass sie von Apachen beauftragt wurden, Lehmann zu töten und so nach all den Jahren den toten Medizinmann zu rächen. Als Lohn war ihnen ein Pferd versprochen worden.

Eines Tages wurde Lehmann von Quanah Parker gebeten, ihn zum Militärposten der Reservation zu begleiten. Dort erwartete ihn eine Nachricht, die seinem Leben eine völlig andere Richtung geben sollte. Der kommandierende Offizier berichtete, dass Lehmanns Familie noch am Leben sei und er zu ihr zurück geschickt werden sollte. Weil sein Schützling kein Englisch verstand, übersetzte ihm Parker diese Mitteilung und fragte ihn, ob er zurück gehen wolle. Doch Lehmanns Antwort war eindeutig: „Ich sagte ihm nein; dass die Indianer meine Leute wären, und ich nicht mit den Weißen gehen würde."[144] Dennoch beabsichtigte Parker, ihn im Armeeposten zurück zu lassen, worüber Lehmann sehr ungehalten wurde. Man holte Oberst Jones als Übersetzer hinzu, der ihm das Anliegen wiederholte. Als Lehmann abermals beteuerte, er wäre niemals dazu bereit, die Indianer zu verlassen, entgegnete der, sie würden ihn in jedem Fall zu seiner Familie bringen. Lehmann konnte seine Erregung nicht verbergen: „Bei dieser Bemerkung zog ich meinen Bogen, legte einen Pfeil an, und Oberst Jones beeilte sich, aus der Gefahrenzone herauszukommen."[145]

Quanah Parker konnte die Situation beruhigen und er nahm Lehmann jetzt doch erst mal wieder mit in sein Lager. Dort sprachen sie sehr viel über die Angelegenheit und schließlich konnte Parker ihn überzeugen, seinen Widerstand aufzugeben. Lehmann kehrte zum Militärposten zurück, wurde dort gut behandelt und mit seinen früheren Kameraden zusammen gelegt. Trotzdem war er selbst nach wie vor nicht einverstanden mit seiner Lage. Daher traf der Vorschlag eines anderen Indianers, jeder von ihnen sollte eine Squaw stehlen und dann heimlich die Reservation verlassen, bei ihm auf offene Ohren. Er fand ein Mädchen, das damit einverstanden war, gemeinsam in der Nacht zu fliehen.

Auch sein Mitverschwörer hatte sich mit einem Mädchen abgesprochen, zwei Pferde besorgt, und den beiden gelang die Flucht. Lehmanns Mädchen jedoch wartete vergeblich bis zum Tagesanbruch an der verabredeten Stelle auf ihn. Sein Plan wurde vereitelt: „Ich machte mich auf den Weg und als ich fast dort war, wo sie wartete, entdeckten mich die Soldaten und verfolgten mich. Ich lief von einem Felsvorsprung herunter, fiel in den Bach und wäre fast erfroren, und schließlich wurde ich zurück ins Lager getrieben. So viele Soldaten beobachteten mich, dass ich keine Chance hatte, zu entkommen."[146]

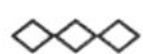

4 Die Rückkehr zur Familie

Ein nicht ganz einfaches Wiedersehen

Der Armee war es tatsächlich gelungen, Lehmanns Familie ausfindig zu machen. Hermans Mutter traf den Kommandanten von Fort Sill, R. S. MacKenzie, bei Fredericksburg und konnte mit ihm sprechen. Nach der Beschreibung, die sie von ihm erhielt, brach sie jedoch nicht in Freudentaumel aus, vielmehr bezweifelte sie, dass es sich tatsächlich um ihren Sohn handeln könne. Dennoch versuchte man anschließend in Fort Sill, Lehmann zu überreden, wieder zu seiner Familie zu gehen. Quanah Parker wollte ihm die Entscheidung erleichtern. Er versprach ihm, während seiner Abwesenheit seine Pferde zu versorgen und erklärte ihm auch den genauen Rückweg zu seinem Lager. „Er sagte, er wäre mein Bruder und bestand darauf, dass ich zu ihm zurückkehren und mit ihm leben sollte, falls es sich nicht um meine Familie handeln sollte", erinnert sich Lehmann.[147]

Schließlich machte sich Lehmann mit einem kleinen Trupp von fünf Soldaten sowie einem Sanitätswagen mit Fahrer auf den Weg nach Loyal Valley im Mason County. Als sie nach dem vierten Tag eine Gegend mit reichlichem Wildvorkommen erreichten, ermutigten die Soldaten Lehmann, eine Antilope zu schießen. Seitdem sorgte er für eine regelmäßige Fleischversorgung der „Reisegesellschaft". An Langeweile litt die kleine Gruppe wohl nicht, denn Lehmann berichtet, er habe seiner Begleitung manchen Streich gespielt. Eines Morgens schwenkte er beispielsweise mehrfach seine Decke über den Kopf und stieß dabei den Kriegsschrei der Comanchen aus. Sofort sprangen alle auf, liefen erschreckt auseinander und die Maultiere rissen sich los. Aber angeblich nahm man ihm seine Späße nicht übel.

Sie kamen nach Fort Griffin, machten dort Station und nachdem sie einige Tage später Fort Mason passiert hatten, trafen sie bereits auf Leute, die aus Loyal Valley gekommen waren, um zu sehen, wie der entführte Junge heimgebracht würde. Das Ereignis hatte sich herum gesprochen. Als sie schließlich den Ort erreichten und der Wagen endlich zum Stehen kam, erwarteten sie bereits etwa 300 neugierige Menschen. Die Menge redete aufgeregt auf ihn ein. Aber er verstand kein Wort, denn seine Muttersprache war ihm fremd geworden. Weil man ihn nicht erkannte, suchte man nach Merkmalen, die ihn eindeutig als Herman Lehmann identifizierten und entdeckte schließlich eine Narbe an seiner Hand, die aus seiner Kindheit stammte.

Seine Mutter, die jetzt ein Hotel in Loyal Valley betrieb, hat ihre Aufregung vor der Wiederbegegnung festgehalten: „Die Geräusche [...] des Sanitätswagens kamen näher und näher, während mein Herz immer schneller schlug. Brachte dieser Wagen mir meinen Jungen?"[148] Sie riss sich von der Menge los, lief ihm entgegen und umarmte ihn weinend. Doch als sie ihn

Bild 9: Nach einem Gespräch mit der Mutter von Herman Lehmann setzte sich Brigadegeneral Ranald S. MacKenzie für die Rückführung ihres Sohnes ein. Einige Jahre zuvor, im September 1874, hatte er im Palo Duro Canyon einen Überraschungsangriff gegen die Comanchen geführt und anschließend mehr als tausend ihrer Pferde töten lassen.

ins Licht führte, erschien er ihr so fremd, dass sie überzeugt war, er sei nicht ihr Sohn. Erst ihre anderen Kinder überzeugten sie vom Gegenteil. Nachdem man ihr die Gewissheit nicht mehr nehmen konnte, war ihre Freude allerdings grenzenlos. Bewegt erzählte sie: „Stellen Sie sich die Freude, die Glückseligkeit und das Glück vor [...]. Ich werde General MacKenzie immer dankbar sein, dass er meinen Jungen nach Hause gebracht hat."[149]

Herman konnte die Wiedersehensfreude seiner Familie allerdings nicht teilen, denn er hatte ganz andere Empfindungen. Er erkannte weder seine Mutter noch den Rest der Familie. „Die Jahre der Wildheit, durch die ich gegangen war, hatten alle Erinnerungen an Liebe und Zärtlichkeit einer Mutter aus meinem Gedächtnis ausgelöscht, und in jener Stunde, die ein krönender Glücksmoment für mich hätte sein sollen, war meine Mutter nichts weiter als eine weiße Squaw."[150] Erst als seine Geschwister Willie und Mina sich ihm näherten und er immer wieder seinen Namen Herman hörte, begann es ihm langsam zu dämmern und er erinnerte sich ihrer als Spielgefährten einer lange zurückliegenden Zeit. Er fand wieder einen Zugang zu seiner Vergangenheit, aber glücklich machte ihn das nicht. „Langsam aber sicher lösten sich die Nebel auf, und ich wusste, dass ich meine Familie wieder gefunden hatte. Aber ich war ein Indianer und, weil sie Bleichgesichter waren, mochte ich sie nicht."[151]

Auch die große Menschenmenge um ihn herum, in der alle miteinander sprachen, einige lachten und andere weinten, stieß ihn ab. Obwohl sie sich die größte Mühe mit ihm gaben, sehnte er sich fort. „Mir gefiel diese Art von Vorführung nicht und ich beschloss, wieder zu Quanah Parker zurückzukehren."[152]

Schon am Abend des Wiedersehens deutete sich an, dass das weitere Zusammenleben manche ungeahnte Schwierigkeiten bereit hielt. Man veranstaltete eine große Feier und brachte in ausgelassener Stimmung seine Dankbarkeit in Gebeten und gesungenen Hymnen zum Ausdruck. Herman jedoch, der seiner Muttersprache Deutsch nicht mehr mächtig war und auch Englisch nicht beherrschte, mied die Gesellschaft der anderen, wo er konnte und legte eine hochmütige Gleichgültigkeit an den Tag. Als man ihm für die Nacht ein sauberes Federbett anbot, weigerte er sich, darin zu schlafen und verließ in der ersten Nacht das Haus, um seine Decken draußen auf dem Boden auszulegen. Sein Bruder Willie leistete ihm in dieser Nacht Gesellschaft.

Als die Soldaten seiner Begleiteskorte sich wieder auf den Rückweg machten, konnte man Herman nur mit Mühe zurückhalten, sich ihnen anzuschließen. Einer seiner Brüder wurde sein ständiger Begleiter, der dafür sorgte, dass er nicht weglief, und der ihm auch die vergessene Sprache wieder beibrachte. Außerdem übergab man ihm einige Pferde und etwas Vieh, weil man hoffte, die Verantwortung für die Tiere würde ihn zufriedener machen und zum Bleiben bewegen.

Viel Überzeugungsarbeit war nötig, um ihn dazu zu bringen, seinen Kleidungsstil der neuen Situation anzupassen. Seine indianische Identität ließ es nicht zu, auf seinen Comanchenaufzug zu verzichten. John W. Hunter, ein enger Freund der Familie, berichtete: „[...] oft zog er den Anzug aus, der ihm gegeben wurde, bemalte sich, und tauchte mit Leggings, Lendenschurz und Federn in all dem barbarischen Prunk eines Comanchenkriegers unter den Hotelgästen auf."[153]

Und Hunters Sohn Marvin, der Lehmanns Bericht im Jahr 1927 herausgab, bestätigte: „Lange Zeit zog er seine traditionellen Sachen an; er mochte die Kleidung des weißen Mannes nicht", und fügte ergänzend hinzu: „Er wollte allein sein, draußen in den Wäldern; er hielt sich lange Zeit von allen fern, nachdem er zurückgekehrt war."[154]

Die Rückkehr in die Gesellschaft der Weißen

Hermans Schwester hatte von den Soldaten erfahren, wie ihr Bruder sein Essen am liebsten mochte. Trotzdem war es nicht einfach, seine speziellen Essgewohnheiten zufrieden zu stellen. So hatte er bei dem großen Fest anlässlich seiner Rückkehr den Raum fluchtartig verlassen wollen, nur weil sich Schweinefleisch auf dem Tisch befand, wogegen er die größte Abneigung hatte. Die meisten Apachenstämme verabscheuten Schweinefleisch. Man erkannte den Grund für seine heftige Reaktion, entfernte das Fleisch und brachte ihn dazu, sich wieder an den Tisch zu setzen.

Bei gemeinsamen Ausritten mit seinem Bruder Willie, musste dieser ihn davon abhalten, nicht auf die grasenden Kälber zu schießen oder die frei laufenden Pferde nicht einzufangen und zu stehlen. So stieß Herman immer wieder an Grenzen, die ihm seine Fremdheit in dieser Welt deutlich machten. Großen Spaß machte es ihm, Kinder zu erschrecken. Er gab zu: „Wenn ich Kinder traf, stieß ich einen Schrei aus und spannte meinen

Bogen auf sie, nur um zu sehen, wie sie rannten."[155] Allmählich bekam dieser „Zusammenprall der Kulturen" einen spielerischen Zug. Es wurde sein liebster Zeitvertreib, mit Pfeil und Bogen auf die Hüte von Kindern oder Reisenden zu schießen. Die setzten ihre Hüte nicht ganz 100 Meter weiter ab und es wurden Wetten darüber abgeschlossen, ob es ihm gelingen würde, sein Ziel zu treffen. Jedes Mal soll er die Herausforderung für sich entschieden und als Preis ein Getränk erhalten haben. Außerdem schoss er voller Begeisterung mit stumpfen Pfeilen auf Männer, die glaubten, er würde sie nicht treffen. Regelmäßig überzeugte er sie vom Gegenteil. So genoss er bald den Ruf einer lokalen Berühmtheit und viele Menschen fanden sich ein, um den „Indianerjungen" zu bestaunen. Lehmann verstand es, ihre Erwartungen nicht zu enttäuschen, z.B. wenn er auf ein wildes, vorbei laufendes Pferd ohne Sattel und Zaumzeug aufsprang.

Für größte Verwirrung sorgte er, als er in einen traditionellen methodistischen Gottesdienst platzte, der offensichtlich unter freiem Himmel stattfand. Er war neugierig geworden, als er Männer und Frauen in besonders feiner Kleidung hinunter zum Bach gehen sah.. Unter ihnen entdeckte er Männer mit langen schwarzen Mänteln, die er für Medizinmänner hielt. Er folgte ihnen und beobachtete von weitem genau, was bei der Versammlung geschah. Zunächst vermutete er, es würde sich um einen Kriegsrat handeln, doch wären dann nicht so viele Frauen anwesend gewesen. So schlussfolgerte er: „Ich dachte, es muss eine neue Art von Kriegstanz, Regentanz oder eine Art von religiöser Zeremonie sein, also lief ich hinein, stieß den Comanchenschrei aus, schaffte es, dass sich mehrere Bänke leerten und landete mitten in der Erweckungszeremonie. Meine Art des Gottesdienstes gefiel diesen weißen Leuten nicht [...]."[156] Nachdem die Besucher des Gottesdienstes panisch auseinander gelaufen waren, gab Lehmann noch die Kostprobe eines Comanchentanzes zum Besten. Man benachrichtigte sofort seine Familie und als seine Brüder eintrafen, ergriffen sie ihn und führten ihn heim. Sie verboten ihm schließlich, weitere Gottesdienste der Methodisten aufzusuchen, so lange er noch kein Englisch verstünde und sich nicht zu benehmen wüsste.

Da er sich weder wie ein richtiger Indianer und schon gar nicht wie ein zivilisierter Weißer verhielt, war Herman lange Zeit im Ort ein Außenseiter. Aber die Fürsorge, Einfühlsamkeit und Geduld seiner Familie trug letztlich doch Früchte: „Schließlich haben die Freundlichkeit, Zärtlichkeit und Sanftmut meiner guten christlichen Mutter, die anhängliche Liebe meiner Schwestern, und die Wachsamkeit meiner Brüder allmählich ein Netz der Liebe um mich gewebt, das so dauerhaft ist, wie die Zeit selbst."[157]

Möglicherweise war aber der Weg zurück in die Welt der Weißen für Lehmann sogar eine noch größere Herausforderung als jene, die ihn einst zu einem Apachen und Indianer gemacht hatte. So verlief auch seine weitere „Bildungskarriere" nicht ohne Hindernisse, wie seine Mutter zugeben muss: „Ich habe Herman zur Schule gebracht, aber er kam nach Hause und sagte, wenn er dorthin zurück müsste, würde er dort das ganze Gitter herunterreißen, damit er hinaus sehen könne. Ich habe ihn nie mehr hin geschickt."[158] Doch mit zunehmender Eingewöhnung wurden sein Englisch und Deutsch auch ohne Schulbesuch immer besser, er gewann Freunde und sogar die kleinen Kinder verloren ihre Angst vor ihm. Er gewöhnte sich daran, einer Arbeit nachzugehen und fand häufig Beschäftigung bei Ranchern und Farmern der Umgebung.

Vielleicht wollte er die Leser seiner Erinnerungen von seiner vollständigen Läuterung überzeugen, als er bekannte: „Als ich ein Wilder war, dürstete ich danach zu töten und zu stehlen, weil man mir beigebracht hatte, so zu leben; aber ich weiß jetzt, dass das falsch ist. Ich würde jetzt weder Menschenleben nehmen, noch stehlen. ‚Der Weg des Sünders ist schwer', ist ein Sprichwort, das wahr ist."[159]

Seine einstigen indianischen Freunde hat Lehmann indessen nie vergessen. Mehrmals führte ihn sein Weg zum Lager von Quanah Parkers Familie auf die Reservation. Dort behandelte man ihn nach wie vor mit aller Zuneigung und Freundlichkeit eines Familienmitglieds. Ein Brief des Indianerkommissars A.C. Tonner aus Washington von 1901 belegt, dass Herman Lehmann von den Comanchen weiterhin als Stammesmitglied angesehen wurde. Dort heißt es, die Anführer der Comanchen hätten in einer Beratung dafür gestimmt, „[...] dass er bei (ihnen) mit vollen Rechten als Mitglied des Comanchenstammes aufgenommen wird, deshalb genehmigt das Ministerium die Einschreibung des besagten Herman Lehmann oder ‚Montechema' (sic) als Mitglied des Stammes, was zu allen Geldleistungen berechtigt, die durch das Abkommen vom 21. Oktober 1892 gewährt werden, so als wenn er ein Blutsangehöriger wäre [...]."[160] Allerdings wurde diese Entscheidung erst nach einer mehrjährigen juristischen Auseinandersetzung tatsächlich rechtskräftig.

Trotz seiner tiefen Verbundenheit mit seinen Comanchenfreunden und seiner indianischen Vergangenheit schließt er seinen Bericht mit Worten des Dankes an seine Familie: „Der lieben alten Mutter und diesen prächtigen Brüdern und Schwestern verdanke ich alles für meine Wiederherstellung, denn wenn sie nicht gewesen wären, würde ich noch heute ein Indianer sein."[161] Lehmann verschweigt in seinem Bericht von 1927 allerdings eine Reihe von Schwierigkeiten nach seiner Rückkehr, die er in der früheren Version von 1899 noch freimütig zugegeben hatte. So bekannte er damals, dass er viel getrunken und es manche Auseinandersetzung gegeben habe: „Ich liebte Bier und andere starke Getränke, und wenn ein Mann etwas tat, was ich nicht mochte, habe ich mich nie mit ihm gestritten. Aber ich würde es mit ihm ausfechten; so waren Loyal Valley, Fredericksburg und andere Orte der Nachbarschaft oft die Schauplätze meiner kleinen ‚Ausfälle'."[162]

Eine erste, 1885 geschlossene, Ehe scheiterte. Das Paar lebte bei seiner Mutter, die zu jener Zeit ein Hotel in Loyal Valley führte, doch Lehmann klagte: „Sie kokettierte mit jedem anderen Mann, den sie traf, und ignorierte mich, und eines Tages sagte sie mir, dass sie mich weder liebt und noch je geliebt hat."[163] Wegen dieses Konflikts ritt er zu den Comanchen nach Fort Sill, um mit Quanah Parker Zeit zu verbringen. Er nahm nach einigen Wochen eine Arbeit an und kehrte erst mehrere Monate später zurück. Als er in Loyal Valley ankam, fand er seine Frau mit einem anderen Mann vor und sah deshalb für seine Ehe keine Zukunft mehr: „Ich brachte sie zu ihrer Mutter und sagte ihr, dass ich lieber getrennt sein würde, als mit einer solchen Frau zu leben."[164]

Nach der Trennung gründete Lehmann einen Frachtbetrieb, doch nahm er auch sein früheres von Alkohol und Streitereien bestimmtes Leben wieder auf. Die Methodistische Kirche entschied deswegen, ihn aus ihrer Gemeinde auszuschließen. Er setzte bei Pferderennen und spielte, gewann Geld, das er ebenso schnell wieder verlor. Bei Cherry Springs betrieb er einen Saloon, mit dem er leichtes Geld verdient hatte, aber weil er selbst zu viel trank, verkaufte er ihn schließlich wieder.

Als Lehmann endlich eine Frau kennenlernte, mit der der Aufbau einer langfristigen Beziehung gelang, kam sein Leben in ruhigeres Fahrwasser. „1890 heiratete ich Fräulein Fannie Light in Loyal Valley, und wir bekamen fünf Kinder, zwei Jungen und drei Mädchen [...]."[165] Eine andere Quelle behauptet jedoch, er hätte am 4. März 1896 erneut geheiratet.[166] Für dieses spätere Datum scheint zu sprechen, dass seine beiden Kinder auf einer Aufnahme von 1899 noch sehr klein sind.

Sie zogen in das heutige Oklahoma, wo sie ab 1900 lebten. Als das Gericht endlich anerkannte, dass Lehmann von den Comanchen adoptiert wurde, ging 1908 ein jahrelanger Rechtsstreit zu Ende. Dass er nun ein amtlich registriertes, vollwertiges Stammesmitglied wurde und nach Auflösung der Reservation von der Regierung eigenes Land zugesprochen bekam, hatte er auch Quanah Parkers Hilfe zu verdanken. Lehmann ließ sich mit seiner Familie nicht weit von der Kleinstadt Grandfield nieder und verdiente seinen Unterhalt als Farmer. Seine indianischen Freunde lebten in der Nähe, so dass er sie regelmäßig aufsuchen konnte.[167]

Dennoch spielte sich sein Leben weiterhin zwischen den beiden so verschiedenen Kulturen ab. Schließlich schaffte er es, in Teilen von Texas und Oklahoma zu einer lokalen Berühmtheit zu werden. Er trat regelmäßig in seinem Indianer-Outfit bei Messen und Rodeos auf und versetzte die Zuschauer mit seiner Darbietung in Staunen. Um sein Publikum zu fesseln und zu begeistern, jagte er ein Kalb durch die Arena, tötete es mit seinen Pfeilen und schnitt ihm die Leber heraus, um sie roh zu essen.[168]

1926 verließ Lehmann seine Frau in Oklahoma aus ungeklärten Gründen, anscheinend blieben sie aber verheiratet. Er kehrte allein nach Loyal Valley zurück und lebte dort bei der Familie seines Bruders Willie. Jedes Jahr fuhr er aber regelmäßig mit dem Bus allein nach Oklahoma und besuchte seine Comanchenfreunde. Am Ende seines Lebens bettlägrig geworden, starb er am 2. Februar 1932 und wurde neben seiner Mutter und seinem Stiefvater begraben.[169]

5 Schluss

Kommentar zu Lehmanns Geschichte

Der Ethnologe Marin Trenk von der Frankfurter Universität ist sich sicher, dass Lehmanns Geschichte auch ganz anders hätte verlaufen können. Denn obwohl weiß und jung, hätte er den Rang eines Kriegshäuptlings einnehmen können, weil er vollkommen an das Apachenleben angepasst war. Tatsächlich sei er auf dem besten Weg gewesen, eine führende Rolle einzunehmen.[170]

Obwohl es dazu nicht kam, ist erstaunlich, in welchem Maß es Lehmann gelang, sich an die extremen Brüche seiner Biografie anzupassen und aus jeder Situation, das Beste zu machen. Das betrifft sowohl den ersten radikalen Einschnitt, als er zu den Apachen kam, als auch den darauf folgenden Wechsel zu den Comanchen und ebenso den späteren Neuanfang in seiner alten Kultur. Als Erwachsener, der in seinem Denken und Fühlen vollständig zum Indianer geworden war, muss ihm der zweite Kulturwechsel viel schwerer gefallen sein. Eine Folge seiner Anpassungsfähigkeit war, dass er sich zwar beiden Welten zugehörig fühlte, aber in keiner von beiden ganz zu Hause war. Und so bemerkte auch sein Enkel Wayne Lehmann zu den Schwierigkeiten seines Großvaters: „Er konnte sich nicht an die Welt der Weißen gewöhnen, denn er war ein Indianer. Aber die Welt der Indianer war untergegangen."[171]

Bei allen Schwierigkeiten, bei allen Versuchen, bei allem Scheitern, verstand er es, beide Welten in sein zerissenes Leben zu integrieren, ohne die eine oder andere Seite auszublenden oder abzulehnen. Wie sehr ihn seine Lebensgeschichte beschäftigt haben mag, zeigt, dass er nach 1899 noch einmal am Ende seines Lebens, 1927, den Versuch unternahm, seine Erlebnisse in angemessenerer Form mitzuteilen. Dass uns seine Erfahrungen heute vorliegen und einem größeren Publikum zugänglich sind, ist das Vermächtnis seines abenteuerlichen und doppelt gebrochenen Lebenslaufes. Trotzdem soll an dieser Stelle nicht unerwähnt bleiben, dass die unterschiedlichen Darstellungen seiner beiden Versionen auch einige Widersprüche enthalten.

Widersprüche in Lehmanns Versionen und Gegendarstellungen

Dies sollte uns aus mehreren Gründen nicht erstaunen. Erstens entstanden die beiden Versionen im Abstand von 28 Jahren und im Laufe der Jahre kann sich die eigene Erinnerung durchaus ändern. Auch die Bewertung einzelner Begebenheiten mag sich verändern. Zweitens hatte sich Lehmann zu dem späteren Bericht ja entschlossen, weil er mit dem Ergebnis des ersten nicht zufrieden und einverstanden war. Vermutlich betraf dies sowohl die Form als auch den Inhalt. Wir dürfen nicht vergessen, dass Lehmann nach seiner Rückkehr zu den Weißen nicht mehr richtig schreiben und lesen gelernt hat, und müssen berücksichtigen, dass beide Versionen nicht von ihm selbst geschrieben wurden, sondern nach seinen Erzählungen zu Papier gebracht und dabei von den Verfassern mehr oder weniger bearbeitet worden sind. So konnte Lehmann seine eigenen Erzählungen wohl kaum selbst nachlesen und überprüfen. Es soll also nicht der Bericht als Ganzes in Frage gestellt werden, wenn hier einige wichtige Widersprüche erwähnt werden. Aber es soll deutlich werden, dass Lehmanns Bericht von 1927 das Ergebnis eines langen Prozesses war, bei dem verschiedene Motive eine Rolle gespielt haben mögen.

Eine der ersten Differenzen zwischen der Version von 1899 und der von 1927 betrifft seine Verweildauer bei den Indianern. So behauptet der Titel der zweiten Version, Lehmann habe neun Jahre unter den Indianern gelebt, er wäre also 1879 zu seiner Familie zurückgekehrt. Es finden sich in dem Buch nur wenige konkrete Zeitangaben, doch im 41. Kapitel heißt es, seine Mutter wäre 1878 mit General MacKenzie zusammen getroffen und seine Rückkehr sei nur wenig später erfolgt.

Die erste Fassung hingegen nennt zunächst gar kein konkretes Datum. Allerdings beglaubigen einige Weiße und mehrere Indianer im Anhang, dass Lehmanns Heimkehr 1878 erfolgte![172] Dieses Datum bestätigt auch seine Nichte, Esther Lehmann, die erzählte, er sei nach 8 Jahren am 8. Mai 1878 zu seiner Familie zurückgekehrt. Das deckt sich mit den Angaben eines Gedenksteins auf dem Friedhof von Loyal Valley, wo Lehmann begraben liegt. Dort lesen wir, dass er 1878 von Soldaten zu seiner Familie zurückgebracht wurde. Es ist zwar nicht bekannt, wann dieser Gedenkstein errichtet wurde, doch stichhaltige Belege für eine Rückkehr 1879 gibt es nicht. So stellt sich die Frage, wie Lehmann in seiner späteren Version zu diesem Datum kommt und es sogar prominent in den Titel stellt.

Andere Zweifel betreffen die Dauer seines Aufenthalts bei den Apachen. In der Einleitung der zweiten Version wird behauptet, er habe 4 Jahre bei ihnen gelebt, was er selbst auch bei anderer Gelegenheit zu Protokoll gab.[173] Gleichzeitig heißt es in der Ausgabe von 1927, der Kampf der Apachen gegen die Texas Rangers auf den Concho Plains habe im August 1875 stattgefunden, also mehr als fünf Jahre nach Lehmanns Entführung. Die Aussagen beteiligter Rangers scheinen dieses Datum zu stützen. Und Lehmanns Nichte Esther gab an, ihr Onkel habe sich sogar etwa 6 Jahre bei den Apachen aufgehalten.[174]

Für Verwirrung sorgt weiterhin, dass die wichtigsten Personen in Lehmanns Berichten völlig verschiedene Namen tragen. So taucht die zentrale Gestalt seiner Zeit bei den Apachen, der Häuptling Carnoviste, der seine Entführung zu verantworten hatte, in der ersten Version unter einem völlig anderen Namen auf: Chivatateto. Außerdem wird er hier nicht von Chiwat unterstützt, sondern von einem anderen Indianer namens Don Deandeno.[175] Deuten die ähnlich klingenden Namen Chiwat und Chivatateto auf ein und dieselbe Person hin? Allerdings sind es eindeutig verschiedene Personen, die mit diesen Namen beschrieben werden.

Als Lehmann den Medizinmann der Apachen tötete und fliehen musste, suchte er zunächst Schutz bei der Schwester des ermordeten Häuptlings. In der zweiten Version heißt diese Ete, und er bekennt kurz, dass er sie sehr geliebt habe. In der ersten Fassung nennt er sie Willamina und beschreibt seine Gefühle zu ihr in einem viel leidenschaftlicheren und intensiveren Ton auf mehreren Seiten. Mochte er im hohen Alter vielleicht sich selbst und seinen Lesern diese tiefen Gefühle zu einer Indianerin nicht mehr eingestehen und fürchtete die Verurteilung der weißen Gesellschaft?

Eine mögliche Erklärung für die unterschiedlichen Namen könnte darin liegen, dass Indianer in ihrem Leben häufig aus einem aktuellen Anlass ihren Namen änderten, sie in der Regel also neben ihrem gegenwärtigen noch verschiedene frühere Namen hatten. Und außerdem kam es vor, dass manche neben dem Namen in ihrer Indianersprache eine zusätzliche englische Bezeichnung von Weißen erhalten hatten, oder im spanisch-mexikanischen Grenzgebiet ein spanische. Zudem kannten die Apachen das Tabu, nicht den Namen eines verstorbenen Stammesmitglieds auszusprechen. Möglicherweise fühlte Lehmann sich in seiner ersten Version an dieses Tabu gebunden und verlor später diese Scheu. Auch hier werden wir die tatsächlichen Hintergründe nicht mehr erfahren.

Nach diesen eher äußerlichen Unstimmigkeiten wiegen die Differenzen inhaltlicher Natur schwerer, da sie Zweifel an Lehmanns Hauptaussagen wecken. Dies betrifft zunächst seine

Darstellung von dem Wechsel zu den Comanchen. Neben den Angaben in seinen beiden Berichten machte er im April 1901 eine offizielle Aussage, der zu Folge er nach vier Jahren bei den Apachen von diesen an die Comanchen weiter gegeben worden sei.[176] Träfe das zu, wäre es allerdings ein großer Widerspruch zu der publizierten Version.

Der Apache Chiwat – er spielte bei Lehmanns Entführung eine aktive Rolle – ging später ebenfalls zu den Comanchen und wurde von ihnen Chevato genannt. Seine Familie hält Lehmanns Version für nicht glaubwürdig. Sie behauptet, Lehmann hätte als weißer Apache in jedem Fall von einen Vermittler bei den Comanchen eingeführt werden müssen. Es ist Teil ihrer Überlieferung, dass Chevato ihn zu den Comanchen brachte. Chevatos Enkel William Chebahtah legte diese Sichtweise im Gespräch mit der Historikerin McGown Minor in einem Buch über seinen Großvater dar.[177]

Diese Behauptung wird von einer eidesstattliche Erklärung Quanah Parkers vom August 1901 gestützt. Dort berichtet er, dass sich unter den noch freien Comanchen, die er auf die Reservation habe bringen sollen, neben Lehmann noch weitere Apachen befunden hätten. Insgesamt seien es sechs Apachenfamilien gewesen, unter denen sich auch Chiwat befand. Lehmann, so Parker, soll sich in seiner Begleitung befunden haben.[178]

Lehmann jedenfalls betonte, dass Chiwat ihn nach seiner Entführung mehrfach unterstützt habe und er zu ihm ein besonders enges Verhältnis hatte. Als er den Medizinmann der Apachen tötete, soll Chiwat nicht anwesend gewesen sein.

Später lebte dieser tatsächlich gemeinsam mit den Comanchen auf der Reservation bei Fort Sill. Lehmann besuchte ihn dort mehrmals und bekannte: „Der alte Chiwat, der immer noch in Indiahoma, Oklahoma, lebt und jetzt fast hundert Jahre alt ist, ist ein Apache, und half, mich gefangen zu nehmen. Er blieb für mein ganzes Leben mein Freund. Er ist ein guter alter Indianer."[179]

Wenn aber die Geschichte vom Wechsel zu den Comanchen nicht den Tatsachen entspräche, dann würde Lehmanns Darstellung seines Einsiedlerlebens ebenfalls an Glaubwürdigkeit verlieren, da beide Elemente in seiner Geschichte ja zusammen hängen. Wäre Lehmann von Chiwat in den Stamm der Comanchen eingeführt worden, dann hätte er nicht zuvor monatelang allein in der Wildnis leben müssen. Mit Parkers Aussage mehren sich also die Zweifel an Lehmanns Ausführungen. Andererseits fällt es schwer, sich vorzustellen, er habe all die zahlreichen Details seines Eremitendaseins und die Beschreibung seiner Aufnahme bei den Comanchen komplett erfunden.

Eine letzte Unstimmigkeit betrifft die Adoption Lehmanns durch Quanah Parker, die in der Ausgabe von 1899 mit keinem Wort erwähnt wird. Zwar findet sich ein magerer Passus, wo es heißt, „Quanah nahm mich mit in sein Lager und ich blieb bei ihm"[180], aber das wird nicht näher erläutert. Es kann natürlich vieles heißen, muss aber nicht bedeuten, dass es zu einer Adoption kam. Im Gegenteil bezeichnete Quanah Parker Lehmann am Ende des ersten Berichts, als er dessen Erlebnisse beglaubigen soll, ihn als Gefangenen der Comanchen. Lehmann wiederum behauptet 1927 unmissverständlich: „Im Jahr 1877 wurde ich in Quanah Parkers Familie adoptiert."[181] Hiermit scheint nicht nur ein bloßes Zusammenleben gemeint zu sein, sondern die Aufnahme in Parkers Familie.

Oder sollte diese Aussage fast 50 Jahre nach seiner Rückkehr zu den Weißen belegen, dass seine Ansprüche an die Regierung als eingetragener Comanche zu Recht bestehen? Quanah Parker starb bereits 1911 und konnte auf Lehmanns Behauptung nicht mehr reagieren. Allerdings sind dem Autor auch keine Hinweise aus Parkers Familie oder seinem Umfeld bekannt, die Lehmanns Version widersprochen hätten. Man könnte meinen, eine Adoption in eine so prominente Indianerfamilie, sei wichtig genug, um sie in einem Lebensbericht zu erwähnen. Dass dies in Lehmanns erster Version nicht geschah, beweist natürlich nichts. Genauso wie die anderen aufgeführten Widersprüche weder die eine Darstellung noch ihr Gegenteil belegen können. Aber es sollte hier deutlich werden, dass Lehmanns Bericht manche Geheimnisse und Rätsel in sich birgt, die erst bei näherem Hinsehen sichtbar werden. Aufklären konnten wir sie hier leider nicht.

Lehmann hatte sich am Ende seines Lebens für eine Neufassung seines Lebensberichts entschlossen, weil er aus verschiedenen Gründen mit der ersten Version unzufrieden war. Mag sein, dass er bestimmte Punkte richtig stellen wollte, möglicherweise übertrieb er einiges, schmückte es aus oder verklärte es, mag auch sein, dass er das Gesamtbild dabei etwas aufpolierte, ob bewusst oder unbewusst. Wir dürfen nicht vergessen: Als seine erste Fassung entstand, lag seine Entführung durch die Apachen schon fast 30 Jahre zurück, und die Neubearbeitung fand noch einmal 28 Jahre später statt. Selbst heute, wo wir unsere Erlebnisse auf vielfältige Weise dokumentieren können, erleben wir, dass die Erinnerung uns zuweilen einen Streich spielt. Lehmann konnte weder auf Notizen, Dokumente oder Fotos zurückgreifen. Es mag verschiedene Motive gegeben haben, einzelne Sachverhalte in den Vordergrund zu stellen, während andere nur am Rande oder auch gar nicht erwähnt wurden. Vermutlich dachte Lehmann auch daran, welche Konsequenzen seine Angaben gegenüber den offiziellen Stellen haben könnten. So wird es wohl kaum mehr gelingen, Licht in die sich widersprechenden Behauptungen zu bringen.

Beispiele anderer Entführungsopfer

Wie schon mehrfach angedeutet, war das Schicksal von Herman Lehmann kein Einzelfall. Um 1870 kannte in Texas fast jeder deutsche Siedler in der eigenen Verwandtschaft Fälle von Entführungen und jede Gemeinde hatte alle 1 bis 2 Jahre den Verlust mindestens eines Kindes zu beklagen.[182]

Adolph Korn

Da gab es zum Beispiel Adolph Korn, der im gleichen Jahr wie Lehmann von Apachen entführt wurde, aber schon 12 Tage später bei Kwahada-Comanchen gegen ein Pferd, eine Waffe mit Munition und anderes eingetauscht wurde. Die beiden Jungen kannten sich und trafen sich kurz wieder, als sich Apachen und Comanchen begegneten. Der Comanchenstamm sollte für fast drei Jahre die neue Heimat von Adolph Korn werden.[183]

Schon nach kurzer Zeit wurde Adolph vom Pferd geworfen und verletzte sich dabei ernsthaft. Da er daraufhin nicht in der Lage war, mit den Comanchen zu neuen Jagdgründen aufzubrechen, beabsichtigten sie, ihn zu töten.[184] Nur einer alten Comanchin hatte er es zu verdanken, dass man ihn verschonte. Sie half Adolph, die zwei Meilen zum nächsten Lager zurückzulegen und pflegte ihn, bis er wieder gesund war. Dafür war Korn ihr sein Leben lang dankbar.[185]

Im November 1872 wurde Adolph Korn von einem Comanchen nach Fort Sill gebracht und dort dem Agenten Lawrie Tatum übergeben. Im Gegenzug sollten gefangene Comanchen frei gelassen werden.[186] Doch wie Lehmann war auch Korn entschieden dagegen, wieder zu seiner Ursprungsfamilie zurückzukehren. Zusammen mit dem schon zuvor abgelieferten Clinton Smith wurde er von einer Kavallerieeinheit nach San Antonio gebracht. Das Wiedersehen war für die Eltern enttäuschend, denn Adolph war sehr reserviert, lächelte nicht, und man spürte, dass er sich nicht wohl fühlt. Er machte ein mürrisches Gesicht und die Zärtlichkeiten seiner Eltern ließen ihn gleichgültig.[187]

Wie Lehmann hatte auch Adolph Korn große Mühe, wieder Teil der weißen Gesellschaft zu werden. Sein unsoziales Verhalten machte ihn zum Außenseiter. Immer wieder beleidigte er andere Personen, schoss auf Schweine und Geflügel, weil sie ihm nutzlos schienen und verschaffte sich einfach alles, was er haben wollte.[188] Allerdings hatte Korn, im Gegensatz zu Lehmann, niemals Eheprobleme, da keine Frau auf sein Werben einging und er keine Familie gründen konnte. Die Leute sagten, er sei einfach „zu seltsam" gewesen.[189]

Im Alter von 34 Jahren schien es zunächst, als hätte er endlich einen Platz im Leben gefunden. Er hatte mehrere Grundstücke gekauft und überlegte, ein Haus zu bauen und eine Familie zu gründen. Aber drei Jahre später, 1896, verkaufte er Teile des Landes wieder. Niemand weiß, was genau geschehen war. Vielleicht waren seine Hoffnungen auf ein privates Glück erneut enttäuscht worden, jedenfalls beschloss er, von nun an in einer Höhle zu leben, die ihm vielleicht aus seiner Zeit bei den Comanchen vertraut war. Der Rancher, dem das Gelände gehörte, kannte ihn und hatte nichts dagegen, dass er als Einsiedler in dieser Höhle unter einem Felsvorsprung hauste.[190] Er ging auf die Jagd und sammelte Früchte. Außerdem ließ ihm seine Stiefschwester Proviant zukommen, weil sie sich Sorgen um ihn machte. Die Lebensmittel wurden von oberhalb der Höhle im Korb an einem Seil zu ihm herunter gelassen. Korn nahm sie wortlos mit einem Winken entgegen. Er schien weder auf Besuch, noch auf ein Gespräch Wert zu legen.[191]

Korn gelang es nicht, nach seiner Rückkehr in der Gesellschaft der Weißen wieder Fuß zu fassen. Warum er es vorzog in einer Höhle zu leben, anstatt, wie Lehmann es tat, wieder zu den Comanchen in das Indianerterritorium, dem späteren Oklahoma, zu gehen, wissen wir nicht. Anscheinend sah er darin eine größere Freiheit, als in der Beschränkung der Kiowa-Comanche-Reservation zu leben.[192] Adolph Korn starb am 3. Juli 1900 im Alter von 41 Jahren im Haus seiner Stiefschwester in Mason. Er muss bereits zuvor mehrere Monate krank gewesen sein.[193] Trotz seiner Verletzung am Bein, die ihn sein ganzes Leben behinderte, hatte Korn sich bei den Comanchen Respekt verschaffen können. Er ritt eines der besten Pferde und befehligte sogar eine Gruppe im Kampf. Nach seiner Rückkehr war er am Ende seines Lebens für die Menschen nur ein seltsamer, hinkender Einsiedler.[194]

Cynthia Ann Parker

Eine der berühmtesten Weißen, die von Indianern entführt wurde und deren Schicksal in Texas zur Legende wurde, ist Cynthia Ann Parker. Das Fort der Parker-Familie wurde im Mai 1836 von Comanchen und verbündeten anderen Indianern überfallen. Sie brannten die Häuser nieder, töteten fünf Männer und nahmen fünf Frauen sowie mehrere Kinder gefangen. Unter ihnen befand sich die 9-jährige Cynthia Ann Parker, die bei dem Angriff ihren Vater verloren hatte.[195]

Bei dem Überfall war auch eine Cousine von Parker entführt worden, die schwangere Rachel Plummer mit ihrem 2-jährigen Sohn. Weil sie für eine Adoption bereits zu alt war, musste sie als Sklavin unter den Comanchen leben. Nach etwa zwei Jahren konnte sie frei gekauft werden und schrieb einen Bericht über ihre Erfahrungen. Darin vermittelte sie ein düsteres, von Misshandlungen und Vergewaltigungen geprägtes Bild und vergrößerte damit die Sorgen um Cynthia Ann und die übrigen Entführten. Nach sechs Jahren waren alle gefunden und kamen ebenfalls gegen ein Lösegeld frei. Nur die Suche nach Cynthia Ann Parker blieb weiter erfolglos, obwohl der Onkel des Mädchens alles daran setzte, seine Nichte zu finden.[196]

Aus den 1840er-Jahren sind einige Kontakte von Weißen zu Cynthia Ann überliefert. Die beiden Regierungsmitarbeiter Butler und Lewis trafen 1845 bei den Comanchen am Washita River auf eine weiße Frau. Ob es sich dabei tatsächlich um Parker handelte, ist nicht ganz sicher, doch spricht vieles dafür. Als die Indianer nach langen Verhandlungen endlich bereit waren, die mittlerweile junge Frau für mehrere hundert Dollar freizugeben, weigerte sie sich, lief davon und versteckte sich im Wald.[197]

Im darauf folgenden Jahr kam es zu einer erneuten Begegnung. Der Agent Leonard Williams sollte den Comanchenanführer Pah-hah-yuco finden und entdeckte, ebenfalls am Washita River, eine hellhaarige junge Frau mit blauen Augen bei den Comanchen. Nach seiner Aussage handelte es sich dabei zweifelsfrei um Cynthia Ann Parker. Doch auch seine Bemühungen, sie zu einer Rückkehr zu bewegen, blieben erfolglos.[198]

Parker hatte inzwischen einen Comanchen geheiratet und war die Frau des Kriegers und Anführers Peta Nocona geworden. Sie hatten drei gemeinsame Kinder und ihr ältester Sohn sollte später zu einem der letzten Anführer der Comanchen werden. Sein Name wurde weit über die Region hinaus bekannt: Quanah Parker. Ihr zweiter Sohn hieß Pecos und das jüngste Kind, eine Tochter, Topsannah.[199]

Mehr als 24 Jahre nach ihrer Entführung, am 18. Dezember 1860, sollte Parker zum zweiten Mal aus ihrem Leben gerissen werden. Als eine Gruppe von Texas Rangers das Comanchenlager überfiel, wurde Cynthia Ann mit dem Baby Topsannah („Prairie Flower") ergriffen. Man erkannte, dass sie eine Weiße war und brachte sie nach Camp Cooper. Parker zeigte sich jedoch mit ihrer „Rettung" überhaupt nicht einverstanden und unternahm mehrere missglückte Fluchtversuche. Als ihr Onkel Isaac Parker im Januar 1861 eintraf, bestätigte sich der Verdacht, dass die lange vermisste Cynthia Ann Parker endlich gefunden worden war.[200]

Aus Sicht ihrer Verwandten hatte man sie aus einer unmenschlichen Gefangenschaft befreit, doch sie war nicht mehr das weiße neunjährige Mädchen von damals, sondern inzwischen eine erwachsene Indianerin, die mit all ihren Gefühlen an ihrer Comanchenfamilie hing. Cynthia begleitete ihren Onkel unter der Bedingung, dass man ihr ihre beiden vermissten Söhne nachschicken würde, falls sie gefunden werden sollten. Ihren Mann Peta Nocona hielt man zunächst für tot, doch gab es später Hinweise darauf, er habe den Angriff überlebt.[201]

In der Familie ihres Onkels verbarg man vor ihren Augen alles, was sie auch nur entfernt an Indianer hätte erinnern können, man unterrichtete sie in Englisch und organisierte Bibelstunden. Doch anstatt sich über ihre „Rettung" und das neue Leben zu freuen, behielt sie ihre Comanchenbräuche bei und unternahm weitere Fluchtversuche.[202] Als Cynthia auf die Farm ihrer Schwester kam, besserte sich die Situation. Hier war die kleine Topsannah beliebt, lernte Englisch und ihre Mutter wurde für ihren Arbeitseinsatz bewundert.[203] 1863 erhielt sie dann die Nachricht, ihr Sohn Pecos sei an Pocken gestorben. Als im gleichen Jahr auch ihre kleine Tochter an den Folgen einer Grippe starb, verlor Cynthia ihren Lebensmut. Ihre letzten Jahre arbeitete sie für ihren Schwager in einem Sägewerk. Von häufiger Nahrungsverweigerung bereits geschwächt, starb sie 1870 ebenfalls an einer Grippe.[204]

Als ihr Sohn Quanah Parker 1875 seinen Kampf gegen die Weißen aufgegeben hatte und zu einem anerkannten Vermittler zwischen ihnen und den Comanchen wurde, fand eine neue Bewertung des Lebens seiner Mutter Cynthia statt. Ihr Leben als Indianerin wurde nun nachträglich akzeptiert. Sie hatte ihre Entführung durch die Comanchen nicht nur überlebt, sondern während ihres 24-jährigen Aufenthalts innerhalb ihrer Gemeinschaft auch einen neuen Lebensinhalt gefunden. Ihre vermeintliche Rettung machte sie erneut zu einer Gefangenen. Cynthia Ann Parker hatte sich nie mit ihrem Verlust abgefunden und hörte bis zu ihrem Tod nicht auf, eine „Comanchin" zu sein.[205]

Felix Ward alias Mickey Free

Die Entführung des 12-jährigen Felix Ward durch Apachen am 27. Januar des Jahres 1861 von der Farm seiner Eltern im Süden des heutigen Arizonas war der Auslöser für eine jahrelange kriegerische Auseinandersetzung zwischen den Apachen und der Armee.[206] Der mit dem Fall betraute Leutnant Bascom war von der Schuld des Chiricahua-Häuptlings Cochise überzeugt, obwohl dieser stets leugnete, etwas damit zu tun zu haben. Cochise glaubte, dass Coyoteros, eine Gruppe der Westlichen Apachen, hinter den Überfall steckten und bot seine Hilfe bei der Suche an. Man konnte sich nicht einigen, die Fronten verhärteten sich und es kam auf beiden Seiten zu Geiselnahmen. Die Lage eskalierte und Cochise ließ seine vier gefangenen Weißen töten, worauf die Armee sechs Apachen aufhängte. Da sich auch ein jüngerer Bruder von Cochise unter ihnen befand, war ein jahrelanger erbitterter Krieg gegen die Weißen die Folge.

Später stellte sich heraus, dass Felix Ward tatsächlich von einer Gruppe der Westlichen Apachen entführt worden war. Er blieb bei ihnen und nannte sich später Mickey Free. In den 1870er- und 80er Jahren arbeitete er für die Armee im Kampf gegen die Chiricahua-Apachen als Scout und Übersetzer. Die Indianerscouts erhielten von den Soldaten zuweilen Spitznamen, da sie meist Mühe hatten, ihre indianischen Namen auszusprechen.

Mickey Free stieg bei den Apachenscouts innerhalb von zwei Jahren zum Unteroffizier auf. 1883 begleitete er General

Crook als Scout auf seinem Feldzug in die Sierra Madre.[207] Im folgenden Jahr diente Free auf der San-Carlos-Reservation als Übersetzer vom Apache ins Spanische.[208] 1893 verließ er seinen Posten als Scout der Armee und ging mit den übrigen ehemaligen White Mountain Apache Scouts auf die Fort-Apache-Reservation, um dort als Farmer zu arbeiten. Es heißt, er sei insgesamt vier mal verheiratet gewesen und hatte zwei Söhne und zwei Töchter. Nachdem er sein ganzes Leben nach der Entführung als Apache verbracht hatte, starb er 1915 auf der Reservation.[209]

Wiederkehrende Muster und Strukturen

Vor allem in den ersten Monaten hatten entführte Kinder unter einer grausamen, für uns unvorstellbaren Behandlung zu leiden. Die meisten von ihnen wurden dadurch gefügig, sie passten sich schnell an die Verhältnisse an und akzeptierten ihre neue Situation. Durch die traumatischen Erlebnisse hatten die Kinder zunächst jeglichen Halt und alle Sicherheit verloren und sehnten sich natürlich wieder nach einem sicheren, geborgenen Umfeld.

War diese Phase überstanden, fühlten sich die meisten ab einem bestimmten Zeitpunkt selbst als Indianer. Sie sahen sich als Mitglieder des Stammes und dachten nicht mehr an Flucht. Grob lässt sich sagen, dass die Fluchtgedanken mit der zunehmenden Aufenthaltsdauer bei einem Stamm nachließen.

Adolph Korn war etwa 14 Monate nach seiner Entführung so weit integriert, dass er sich als Teil des Stammes fühlte.[210] Doch es gibt auch einige Entführte, die viele Jahre bei den Indianern lebten, ohne dass sie ihren Wunsch auf eine Heimkehr aufgaben.

Andere wiederum übernahmen und akzeptierten den neuen Lebensstil in nur wenigen Monaten.[211] Der Fall von Santiago McKinn ist dafür ein Beispiel. Er wurde im September 1885 als 11-Jähriger von dem bekannten Apachenanführer Geronimo und seinen Kriegern entführt und kam bereits nach einem guten halben Jahr im März 1886 wieder frei. Als er erfuhr, man würde ihn zu seinen Eltern zurückbringen, schrie er fürchterlich und begann lautstark zu weinen. In fast flüssigem Apache sagte er, er wolle bei den Indianern bleiben und nicht zurück zu seiner Familie.[212]

Schließlich erlebten diese Kinder mehr und mehr, dass die neue Umgebung durchaus auch ihre positiven Seiten hatte, was ihnen die Eingewöhnung erleichterte. Von ihren Familien kannten sie ein eintöniges Leben in Armut mit viel Arbeit, in dem es kaum Freizeit oder Vergnügungen gab. Zudem waren gerade die Deutsch-Texaner für ihre Sparsamkeit bekannt, und dass sie nicht leichtfertig Geld für ihre Kinder ausgaben.

Indianer wie die Comanchen waren dazu im Gegensatz sehr großzügig und bereit, alles zu teilen, was sie hatten. So war Hermans früherer Alltag eintönig und voller Entbehrungen[213] und Adolphs Kindheit bei seiner Familie bestand vor allem darin, jeden Tag die Schafe zu hüten. Nie war es ihm möglich, aus seiner engen Welt auszubrechen oder auch nur eine Schule zu besuchen. Die Comanchen hingegen ließen ihn jagen und reiten und neue Gegenden sehen.[214] So standen den Kindern neue Freiheiten offen, die für sie sicher auch den Geschmack von Abenteuer hatten. Im Gegensatz zur erlebten Enge und den Zwängen in ihren Herkunftsfamilien, übte der spezifische „Indian Way of Life“ auf die Kinder sicher eine gewisse Faszination aus. Schließlich bot er mehr Möglichkeiten, intensive soziale und emotionale Kontakte und einen abenteuerlichen Lebensstil.[215]

Dennoch verwundert es, dass die dramatischen Erlebnisse der Entführung bei den meisten Opfern zu keinem negativen Indianerbild geführt haben. Einige Kinder hatten das Glück, dass es dabei zu keinem großen Blutvergießen kam. Lehmann wehrte sich heftig als er geschlagen und gewürgt wurde und Adolph Korn erhielt mit der Pistole einen Schlag auf den Kopf, bevor er von einem Apachen auf sein Pferd gezogen wurde. Rudolph Fischer wurde von den Comanchen einfach geschnappt, als er allein auf einer abgelegenen Straße unterwegs war. Für viele andere aber begann die Entführung mit noch traumatischeren Erfahrungen. So musste der 13-jährige Dot Babb mitansehen, wie Comanchen auf seine Mutter einstachen, sie erschossen und skalpierten, bevor sie mit ihm und seiner jüngeren, 10-jährigen Schwester Banc verschwanden.[216] Auch die 8-jährige Minnie Caudle wurde Zeugin wie ihre Halbschwester, ihre Nichte und ihre 3 Cousinen von den Comanchen brutal terrorisiert, vergewaltigt und regelrecht abgeschlachtet wurden.[217]

Häufig wurden die überlebenden Opfer von den Indianern gezwungen, die Skalps ihrer Eltern und Geschwister zu tragen.

Man sollte meinen, diese Erfahrungen hätten die Kinder so sehr verstört und einen so großen Hass auf ihre Entführer erzeugt, dass eine Assimilation in den Stamm nicht möglich gewesen wäre. Oder dass sie nach ihrer Rückkehr zu den Weißen nur schlecht über die Indianer und die bei ihnen verbrachte Zeit gesprochen hätten. Aber das war nicht der Fall. Die Urenkelin von Minnie Caudle erinnerte sich, dass diese sich nie über die Comanchen beschwerte. Und ihr Bruder fügte hinzu, dass sie sich stets für die Indianer eingesetzt und gesagt hätte, sie wären auf ihre Art gute Menschen gewesen.[218]

Waren die Entführten voll in den Stamm integriert, sah man nicht selten, dass sie sogar mit einem größeren Risiko auf Raubzüge und in Kämpfe gingen als geborene Indianer. Auch Lehmann behauptete, bei den Apachen der Wildeste der Wilden

Bild 10: Der im September 1885 entführte 11-jährige Santiago McKinn blieb nur etwa ein halbes Jahr bei den Apachen. Als der Junge aus den Händen von Geronimo und seiner Gruppe befreit wurde, weinte er heftig und weigerte sich, zu seinen Eltern zurückzukehren.

gewesen zu sein.[219] Sein Enkel Wayne bestätigt das: „Er wurde ein Indianer, mehr noch als die Indianer selbst."[220] Auch von Adolph Korn müssen wir das annehmen. Sein Freund Clinton Smith kannte ihn gut von der gemeinsamen Zeit bei den Indianern und berichtete, dass Korn sich als wahrer Draufgänger verhielt und einer der kühnsten Jungen im Comanchenlager war.[221] Anscheinend setzte er sich sogar über die Warnungen älterer Krieger hinweg.

Allerdings gab es für den Ehrgeiz von Adolph Korn und andere Entführte bei den Kwahada-Comanchen auch ein reales Vorbild: Quanah Parker. Der Sohn einer Weißen und eines Comanchen war nur wenig älter als viele dieser Jungen und war innerhalb kürzester Zeit zu einem anerkannten Kriegsführer aufgestiegen. Korn wusste, wie hart seine Familie gearbeitet hatte, ohne dass sich ihre Lage grundlegend verbessert hätte. Da boten ihm die Comanchen andere Aufstiegsmöglichkeiten, denn wenn er sich im Kampf gut bewähren würde, konnte er es Parker gleichtun.[222]

Zudem wurden die Kinder nicht erst bei den Indianern mit dem Töten von Menschen konfrontiert. Für die meisten, die an der Grenze von Texas groß wurden, gehörte es zu ihrem Lebensalltag. Viele hatten bereits erlebt, dass feindliche Indianer getötet wurden, um die eigene Familie oder die Gemeinschaft zu verteidigen. Als sie dann später Apachen oder Comanchen geworden waren, hatte sich also nicht so sehr ihre moralische Sicht geändert, einem Feind das Leben nehmen zu dürfen, als vielmehr ihre Einschätzung darüber, wer dieser Feind sei.[223]

Trotz positiver Erlebnisse in ihren Indianergemeinschaften überrascht es, dass viele der entführten Kinder, wie z.B. Adolph Korn, Herman Lehmann, Rudolph Fischer, Clinton Smith oder Temple Friend, sich weigerten, freiwillig zu ihren früheren Familien zurückzukehren.[224] Es scheint paradox, dass diese weißen Jungen und Mädchen, die gewaltsam von ihren Familien getrennt und danach oft grausam gequält wurden, später ihren früheren Peinigern gegenüber so loyal waren.[225]

Manche waren allerdings der physischen und psychischen Folter auch nicht gewachsen. Wenn sie nicht getötet oder weiter getauscht wurden, mussten die meisten von ihnen ein Dasein als Sklaven fristen. Für die anderen begann mit der Aufnahme in den Stamm jedoch ein völlig anderes Leben. Sie bekamen einen neuen Namen und erhielten die gleichen Rechte und Pflichten, wie die Kinder der Indianer. Von ihrer neuen Familie wurden sie akzeptiert und geliebt, und begannen schließlich diese Zuneigung zu erwidern. Sie bemühten sich, den an sie gestellten Erwartungen gerecht zu werden, was für die Jungen hieß, sich mit einer erfolgreichen Beteiligung an Kriegs- und Beutezügen hervorzutun. Die Mädchen aber füllten ihre soziale Rolle mit Leben, indem sie heirateten und Kinder bekamen.[226]

Die entführten Kinder hatten sich ihren Platz in der indianischen Gemeinschaft zum Teil hart erkämpfen müssen und sie waren nicht bereit, die gewonnenen Vorteile und Privilegien für eine Rückkehr in ihre ursprünglichen, fremd gewordenen Familien wieder aufzugeben. Ihre neue tägliche Realität war ein soziales Leben mit vielen aufregenden Erlebnissen, während die früheren Erfahrungen mehr und mehr verblassten.[227] Ihre einstige Familie war nicht mehr ihre Familie, denn die gehörte jetzt zu den verhassten weißen Feinden.

Trotz der großen Verbundenheit vieler Entführter mit den Indianern, soll hier am Ende nochmal daran erinnert werden, dass das Leben bei Apachen und Comanchen alles andere als ein Abenteuerspielplatz war. Fast alle, die als Erwachsene entführt wurden und es überlebten, berichteten von schrecklichen Übergriffen und waren über ihre Befreiung sehr glücklich. Wie die zusammen mit Cynthia Ann Parker entführte Rachel Plummer ist auch Nelson Lee ein populäres Beispiel für das grausame Schicksal, das Erwachsenen nach ihrer Entführung drohte. Lee war Teil einer Mannschaft, die 1855 eine Herde von Pferden und Maultieren von Texas nach Kalifornien führen sollte. Unterwegs wurde ihr Lager von Comanchen überfallen, die ihn und drei seiner Kameraden gefangen nahmen und alle anderen töteten. Unmittelbar nach der Entführung musste er ansehen, wie zwei seiner Mitgefangenen, Martin und Stewart, an einen Pfahl gebunden und im Rahmen ritueller Tänze immer wieder verletzt und zum Teil skalpiert wurden. Nach 2 Stunden fortwährender Torturen wurden die beiden schließlich mit Beilen getötet. Nelson Lee überlebte und nach 3-jähriger Gefangenschaft gelang es ihm, zu fliehen, nachdem er seinen Entführer getötet hatte.[228]

Solche Erfahrungen blieben Herman Lehmann glücklicherweise erspart. Ihm erging es, wie vielen anderen entführten Kindern. Nachdem er das Trauma der Entführung überlebt hatte, integrierte er sich bei den Indianern und musste nach der Rückkehr zu seiner Familie völlig neue Herausforderungen bewältigen. Mit seinem Bericht hat er uns, trotz manchen ungeklärten Widersprüchen, einen faszinierenden Einblick davon gegeben, wie ein entführter weißer Junge unter den Indianern erwachsen wurde. Aus der Innenperspektive berichtete er vom Leben bei Apachen und Comanchen, als diese noch freie Nomaden in der Prärie waren. Er führte uns vor Augen, welche Probleme die vermeintliche Rettung für einen Entführten mit sich bringen konnte, wenn er bereits völlig in seinem Stamm integriert war. Wie Lehmann zweimal den Verlust seines alten Lebens bewältigte und trotz einiger Rückschläge und Brüche sich langsam aus den Erfahrungen beider Welten eine neue Zukunft aufbaute, verdient unseren Respekt.

Exkurs: Die Apachen

Identität und Standort

Die zur südathapaskischen Sprachfamilie gehörenden Apachen waren vor einigen hundert Jahren aus dem subarktischen Norden zunächst in die Plains und Prärien und dann in den Südwesten eingewandert.[229] Ihren Namen erhielten sie vermutlich von dem Pueblo-Stamm der Zuni. Die nannten zunächst ihre Nachbarn, die Navajo, welche wie die Apachen zur gleichen Sprachfamilie gehören, „Apachu" („Feind") und mit der Zeit ging diese Bezeichnung auf die späteren Apachen über. Sich selbst nannten sie je nach ihrer regionalen Kultur entweder „tinneh", „inde" oder „tinde", was man mit „die Menschen" oder „das Volk" übersetzen kann.[230] Die sechs großen Stammesverbände der Apachen bewohnten im 19. Jahrhundert ein riesiges, auch Apacheria genanntes Areal, das sich von den Prärien in Texas und Oklahoma bis weit in den Südwesten New Mexicos und Arizonas erstreckte. Selbst in den nördlichen Gebieten Mexikos waren sie zu Hause. Zu den östlichen Gruppen gehören die Mescalero, die Lipan, die sogenannten Naishan-Apache, auch

Kiowa-Apache, weil sie sich eng an die Kiowas angeschlossen hatten, sowie die Jicarilla im Norden New Mexicos und Süden Utahs. Weiter im Westen, in Arizona und New Mexico, lebten die aus mehreren Verbänden bestehenden Westlichen Apachen und die Chiricahua. Nachdem die Apachen zunächst starken Einflüssen der Plainskultur ausgesetzt waren, wurden sie später, abgesehen von den Kiowa-Apachen, nachhaltig von den Pueblo-Indianern beeinflusst.[231]

Wirtschaft

Im Zentrum ihres Überlebenskampfes stand die Jagd und diese konzentrierte sich bei den östlichen Stämmen vor allen auf das Bison. Das Sammeln von Früchten und Beeren war aber eine wichtige Ergänzung bei der Nahrungsbeschaffung. Dabei spielte Mescal, eine Agavenart, nicht nur bei den Mescalero, sondern bei allen Gruppen eine wichtige Rolle. Die Wege ihrer nomadischen Lebensweise waren dabei an den Wanderrouten der Bisons und den Erntezeiten der jeweiligen Pflanzen ausgerichtet.[232] Den gezielten Anbau praktizierten nur einige Gruppen und auch das nur in bescheidenem Umfang.[233]

Aber weil die Nahrungsressourcen knapp waren und die Apachen ein kriegerisches Volk, blieb es nicht aus, dass auch Raubzüge und Plünderungen zu einem festen Bestandteil ihrer Ökonomie wurden, um ihre Versorgungslage aufzubessern. Ihre Opfer waren zumeist Pueblo-Indianer sowie weiße, spanische oder später mexikanische Siedler. Ihr Beutegut nutzten sie entweder für sich selbst oder zum Tausch für andere Güter. Bei der Durchführung ihrer Raubzüge vermieden die Apachen möglichst den direkten Feindkontakt. Wurden sie entdeckt, waren sie zwar kampfbereit, aber am wichtigsten war ihnen eine erfolgreiche Flucht mit möglichst großer Beute.[234]

Im Gegensatz dazu waren ihre Kriegszüge nicht defensiv ausgerichtet. Auf den „Kriegspfad“ gingen sie in der Regel, um Rache für ein getötetes Stammesmitglied zu nehmen. Es waren die Verwandten eines getöteten Apachen, die für einen Kriegszug warben und auch bei seiner Ausführung eine besondere Rolle spielten.[235] Im allgemeinen unterschied sich die Kriegsführung der Apachen von der der Plainsindianer, denn sie legten kaum Wert darauf, sich im Kampf durch besonders mutiges oder riskantes Verhalten auszuzeichnen. Stattdessen flohen sie in verschiedene Richtungen und zerstreuten sich, wenn eine Auseinandersetzung sich als aussichtslos herausstellte.[236]

Im übrigen waren auch Entführungen ein Faktor im wirtschaftlichen Überlebenskampf, denn die gekidnappten Opfer wurden entweder als Sklaven gegen Waren eingetauscht oder gegen ein Lösegeld an ihre Familien zurück gegeben. Entführungen wie im Fall von Herman Lehmann dienten allerdings einem anderen Zweck. Sie sollten den Verlust der eigenen Krieger, der auch durch die zunehmenden Kämpfe mit den Weißen entstanden war, wieder ausgleichen. Auf diese Strategie wurde bereits im Schlusskapitel hingewiesen und im Exkurs über die Comanchen werde ich noch weiter darauf eingehen.

Geschichte

Ab der 2. Hälfte des 17. Jahrhundert wurden die Apachen bis etwa 1740 von den Comanchen weitgehend aus den südlichen Plains nach Westen in Richtung des Rio Grande vertrieben.[237] In der Folgezeit entwickelten sich die Neuankömmlinge im Südwesten für die Spanier und die Pueblo-Kulturen immer mehr zu einer starken Bedrohung der Dörfer, Farmen und Reisenden. Um der Situation Herr zu werden, gingen die Spanier 1786 ein Bündnis mit den Comanchen ein.[238] Im Gegenzug für die Unterstützung im Kampf gegen die Apachen öffneten sie ihnen in New Mexico und im nördlichen Mexiko die Märkte und ermöglichten ihnen, dort ihre Waren einzutauschen. In manchen Regionen Mexikos wurden den Comanchen Prämien für Apachenskalps versprochen und auch weiße Skalpjäger mischten in diesem lukrativen Geschäft mit. Andernorts schlossen mexikanische Beamte aber ähnliche Verträge mit den Apachen, um die Comanchen zu bekämpfen, denn einzelne ihrer Gruppen fühlten sich an keinerlei Abmachungen gebunden und zogen raubend und plündernd durch Mexiko.[239]

Politische Führung und Anführer

In den Dörfern der Apachen, sogenannten „rancherias“, lebten meist nicht mehr als 10–25 Familien bzw. 50–70 Personen.[240] Das am meisten respektierte und tatkräftigste Familienoberhaupt wurde als Häuptling oder Anführer der lokalen Gruppe anerkannt. Über den Anführer dieser lokalen Gruppe hinaus waren die Führungsstrukturen unter den Apachen bloß schwach ausgeprägt. Die meisten dieser Gruppen standen in der Regel in losem Kontakt und nur in besonderen Notzeiten schlossen sich mehrere Verbände unter der Führung eines einzelnen Anführers zusammen. Zwar gab es einige recht einflussreiche Häuptlinge, doch blieben sie nur so lange unangefochten an der Macht, wie ihre Aktionen erfolgreich waren und dem Stamm nutzten.[241]

Zwei charismatische Chiricahua-Anführer, die über ihre eigene Gruppe hinaus Autorität besaßen und dort auch Krieger mobilisieren konnten, waren Mangas Coloradas und Cochise.[242] Mangas Coloradas betrachtete Mexiko als größten Feind und als weiße Amerikaner die Herrschaft im Südwesten übernahmen, war ihm das nicht unrecht. 1852 kam es sogar zu einem Friedensvertrag zwischen beiden Seiten. Trotzdem wurde er 1863 in amerikanischer Gefangenschaft ermordet.

Auch Cochise hatte zunächst kein schlechtes Verhältnis zu den Amerikanern. Das änderte sich, als er 1861 zu Unrecht der Entführung des 12-jährigen Felix Ward beschuldigt wurde (siehe Kapitel 5: Beispiel Felix Ward). Der Tod seines jüngeren Bruders Coyuntura in diesem Konflikt verbitterte ihn derart, dass er nun zum gefürchteten Gegner der Weißen wurde. Bald waren in seinem Einflussgebiet keine einsamen Siedler und Reisenden mehr sicher und der Armee gelang es nicht, die Überfälle der Chiricahua zu stoppen. Erst 1872 stimmte Cochise einem Friedensabkommen zu.

Doch trotz seiner unnachgiebigen Haltung gegenüber den Weißen, ist Cochise heute auch für seine Freundschaft bekannt, die ihn mit dem ehemaligen weißen Postreiter Tom Jeffords verband. Sie ist Gegenstand einiger romantischer Bücher und Filme, die es mit den wahren Gegebenheiten allerdings nicht ganz so genau nahmen.

Ende der 70er Jahre bis zu seinem Tod 1880 kämpfte der Chiricahua Victorio mit seinen Kriegern immer wieder gegen die Weißen, und wurde dabei sogar von einigen Mescalero unterstützt. Danach wurde Geronimo zum letzten bekannten Anführer seines Volkes. Die Geschichte seines Stammes, der Chiricahua-Apachen, sollte einen ganz eigenen Verlauf nehmen.

Entwicklung bis zum Beginn des 20. Jahrhundert

Anfang der 70er Jahre des 19. Jahrhundert wurden für mehrere Gruppen der Westlichen Apachen und Chiricahua in Arizona und New Mexico Reservationen eingerichtet. Der Versuch, die Mescalero gemeinsam mit den Navajo in Bosque Redondo anzusiedeln, war fehlgeschlagen; das Land erwies sich als nicht geeignet. Schließlich erhielten die Mescalero 1873 ein Gebiet im südlichen New Mexico.[243] Zehn Jahre später zwang man sie jedoch, ihr Land mit den Jicarilla zu teilen. Sprachliche und kulturelle Unterschiede der beiden Gruppen ließ auf beiden Seiten das Misstrauen wachsen, so dass man die Jicarilla 1887 wieder in ihre nördlicheren Territorien abziehen ließ, wo sie im gleichen Jahr eine eigene Reservation erhielten.[244] Zu Beginn des 20. Jahrhundert fanden sich noch Reste der Lipan aus Texas bei den Mescalero ein, die seitdem mit ihnen zusammen leben.[245] Daneben existiert noch eine weitere kleine Reservation für die überschaubare Gruppe der Kiowa-Apachen bei Anadarko in Oklahoma.

Die Reservationen der Chiricahua existierten nicht lange, da man 1874 beschloss, sie zusammen mit den Westlichen Apachen auf San Carlos zusammen zu legen. Dies führte ab 1877 immer wieder zu Ausbrüchen und in der Folge zu Überfällen mit vielen Toten. Der Chiricahua-Anführer Victorio erlebte in seinem Bemühen um ein eigenes Gebiet für seine Gruppe immer wieder Enttäuschungen. Nach seiner letzten Flucht im August 1879 wurde sein Kampf immer verzweifelter und seine Raubzüge forderten immer höhere Opfer. Hartnäckig verfolgten ihn verschiedene Einheiten bis er schließlich im Oktober 1880 von mexikanischen Soldaten gestellt und getötet wurde. Nun sollte der Chiricahua Geronimo für die Apachen der letzte große Widersacher der US-Armee werden. Mit nur wenigen Kriegern schaffte er es, General Crook und seinen Soldaten in einem jahrelangen Katz-und-Maus-Spiel immer wieder zu entwischen, bis er schließlich im September 1886 doch vor General Miles kapitulierte.

Im Anschluss deportierte man nicht nur die kämpfenden Rebellen, sondern auch die friedlich auf der Reservation lebenden Chiricahua, als Kriegsgefangene bis 1888 nach Florida. Danach brachte man sie nach Mount Vernon in Alabama, wo sie aber das dortige Klima genau so wenig vertrugen wie in Florida und unter großen gesundheitlichen Problemen litten. Man setzte sich für eine Verlegung nach Fort Sill in Oklahoma ein, wo sie im Oktober 1894 eintrafen. Hier konnten sie sich in Viehzucht, Gartenbau und Landwirtschaft betätigen.[246]

Immer wieder bemühten sie sich darum, in ihre alte Heimat nach Arizona zurückkehren zu dürfen, was ihnen aber verwehrt wurde. Doch 1912 erhielten sie die Erlaubnis, sich bei ihren Stammesbrüdern auf der Mescalero-Reservation niederzulassen, womit diese einverstanden waren. Gut zwei Drittel der Chiricahua entschieden sich, im darauf folgenden Jahr nach New Mexico zu gehen, die übrigen blieben in Oklahoma, wo sie allerdings nicht den Status einer eigenen Reservation erhielten.[247] 1992 wurde die Gesamtbevölkerung aller verschiedenen Apachengruppen mit etwas weniger als 30.000 Personen angegeben. Sie verteilten sich vor allem auf die Bundesstaaten Arizona und New Mexico sowie zu einem geringen Anteil auf Oklahoma.[248]

Exkurs: Die Comanchen

Identität und Standort

Auch der Name „Comanchen" ist eine Fremdbezeichnung, die der Stamm von den weiter westlich lebenden Ute bekommen hat und der wie bei den Apachen schlicht „Feinde" bedeutet. Sie selbst nannten sich, wie sehr viele indigene Gesellschaften Nordamerikas, „Menschen" oder „menschliche Wesen", in ihrer Sprache „Nemene".[249] In dem als „Comancheria" bezeichneten Gebiet mit Teilen von Texas, Oklahoma und New Mexico lebten zu ihren besten Zeiten etwa 20 bis 30.000 Comanchen.[250]

Neben weiteren kleineren Gruppen gab es fünf große Verbände, die sich jeweils aus mehreren Lokalgruppen zusammensetzten. Die größte und wohl auch mächtigste unter ihnen war die der im südöstlichen Texas lebenden Penateka („Honigesser"). In der östlichen Comancheria gab es reichlich Bienen und man fügte dem Essen gern Honig hinzu, um ihm mehr Geschmack zu geben. Andere bekannte Gruppen sind die Kwahada („Antilopenesser") im Westen und die Yamparika („Yap-Esser") im Norden des Verbreitungsgebiets der Comanchen. Yap ist eine kartoffelähnliche Wurzel, die von den Comanchen geschätzt wurde und die auch auf dem Speiseplan der mit ihnen verwandten Schoschonen stand. Bekannt sind weiterhin die im zentralen Siedlungsgebiet lebenden Nokoni („Diejenigen, die umkehren") sowie der mächtige Zusammenschluss der Kotsotika (Büffel-Esser), deren Jagdgebiet sich zwischen dem der Kwahada im Westen und dem der Nokoni im Osten befand.[251] Büffelfleisch war für alle Comanchengruppen das Hauptnahrungsmittel, doch für die Kotsotika besaß es eine noch stärkere Bedeutung. So wurden überhaupt die den Gruppennamen gebenden Nahrungsmittel mehr oder weniger zwar von allen Verbänden genutzt, von den einzelnen Gruppen jedoch in unterschiedlichem Maße.

Wirtschaft

Grundlage ihrer Existenzsicherung war für die in Lederzelten lebenden Nomaden die Bisonjagd, doch wie bei den Apachen, gehörten auch Raubzüge zu ihrer Überlebensstrategie.[252] Für die Entwicklung der typischen Prärie- und Plainskultur war der Besitz von Pferden von entscheidender Bedeutung, erst durch ihn erlebte die Bisonjagd einen gewaltigen Aufschwung. Etwa ab der 2. Hälfte des 17. Jahrhundert wurden die Comanchen von den weiter westlich lebenden Ute mit Pferden versorgt und um 1720 waren sie und andere Stämme der südlichen Plains bereits vollständig mit ihnen ausgestattet.[253]

Die Comanchen waren als große Pferdediebe berüchtigt, aber sie waren auch dafür bekannt, dass sie so gut wie kein anderer Indianerstamm mit den Tieren umgehen konnten. Zeitgenossen beschreiben die Comanchen unter anderem als „Kosaken des Südens“[254] und sie standen im Ruf, die „ungekrönten Herren der südlichen Plains“ zu sein.[255] Erbeutete Tiere wurden häufig an die Stämme des Nordens weiter getauscht, so dass um 1775 auch den nördlichsten Plainsstämmen schon größere Herden zur Verfügung standen. Auf diese Weise hatten die Comanchen an der Verbreitung der Pferde unter den Indianern einen großen Anteil.[256]

Genau wie die Apachen hatten es die Comanchen bei ihren Raubzügen neben materiellen Gütern wie Pferden und Vieh auch auf Menschen abgesehen.[257] Für viele Stämme der Plains war es üblich, auf ihren Überfällen Gefangene zu nehmen. Einigen von ihnen drohte aus Rache für die erlittenen Opfer der eigenen Gruppe der Foltertod. Manche hatten das Glück, gegen andere Gefangene ausgetauscht zu werden und kehrten zu ihrem Stamm zurück. Entführte Weiße kamen mitunter gegen ein Lösegeld wieder frei. Andere wurden in den fremden, feindlichen Stamm aufgenommen und als vollwertiges Stammesmitglied akzeptiert.[258]

Mitleid spielte bei dieser Entscheidung keine Rolle, vielmehr waren es rein praktische Gründe, die den Ausschlag gaben. So sollten auf diese Weise vor allem die erlittenen Verluste bei den zahlreichen Kämpfen ausgeglichen werden. Der Stammeszugehörigkeit wurde dabei keine Bedeutung beigemessen, es konnte sich sogar um Mexikaner oder Weiße handeln. Entscheidende Kriterien waren das Geschlecht, die allgemeine Verfassung und das Alter. Erwachsene Männer wurden meist am Ort des Überfalls sofort getötet, während man die Frauen oft mit in das eigene Lager nahm. Sie durften jedoch in der Regel nicht auf eine Aufnahme in den Stamm hoffen. Entweder hatten sie Sklavendienste zu verrichten, oder wurden weiter getauscht. Nicht selten kam es vor, dass sie Opfer von Vergewaltigungen wurden.[259] Ihre Lage konnte sich allerdings grundlegend verbessern, wenn sie die Frau eines Kriegers wurden, wie das Beispiel von Cynhtia Ann Parker zeigte. Sie war jedoch zum Zeitpunkt ihrer Entführung noch ein Kind und nicht erwachsen.

Kinder und Jugendliche besaßen die größten Aussichten, in den Stamm aufgenommen zu werden. Sie waren am ehesten bereit, sich in die vollkommen fremde Kultur einzufügen und sich anzupassen. Doch die ersten Tage waren meist von Hunger und Schlägen überschattet. Mit verschiedenen Formen physischer und psychischer Folter sollte der Widerstand der jungen Gefangenen gebrochen werden. Wer aber diese erste harte Zeit durchgestanden und sich als stark genug erwiesen hatte, der bekam die Chance, von einer Familie adoptiert zu werden. Dies geschah meist 1–2 Jahre nach der Entführung. Im Rahmen einer Zeremonie erhielt das Kind einen neuen Namen und es musste schwören, stets im Interesse des Stammes zu handeln. Von da an galten die weißen Kinder als vollwertige Mitglieder der Stammesgemeinschaft.[260]

Geschichte

Die uto-aztekischen Comanchen wanderten erst um 1700 aus dem östlichen Wyoming in die südlichen Plains ein, wo sie dann im 18. und 19. Jahrhundert zu deren unumschränkten Herrschern aufstiegen.[261] Ab 1750 dominierten sie in zunehmenden Maße die Region und auf ihren Raubzügen drangen sie immer weiter in das Innere von Mexiko vor. Sie vertrieben die meisten östlichen Apachengruppen aus ihrem Gebiet in Richtung Südwesten. Um 1830 unterlag die gesamte Region zwischen Arkansas River und Nordmexiko und von Taos bis in den Osten des heutigen Oklahoma ihrer Kontrolle.

Weder die Dörfer im nördlichen Mexiko noch die weißen Siedler in Texas waren vor den Comanchen sicher. Doch die zunehmende anglo-amerikanische Besiedlung von Texas brachte sie immer stärker in Bedrängnis.[262] 1867, zwei Jahre nach Ende des Bürgerkrieges, einigten sich schließlich die meisten Comanchengruppen beim „Medicine Lodge Treaty“ mit der US-Regierung auf einen Frieden und akzeptierten ein Leben auf der Reservation.

Politische Führung und Anführer

Häuptlinge und Anführer der verschiedenen Comanchengruppen besaßen, wie auch bei den Apachen, nur eine beschränkte Macht. Als eigentliches Machtzentrum muss der Stammesrat gesehen werden. Der Häuptling war eher ein ‚Primus inter pares' („Erster unter gleichen"), dem man Respekt entgegen brachte. Gewählt wurde er von den Anführern derjenigen lokalen Gruppen, die eine größere Abteilung bildeten.[263]

Einer der größten Anführer der Penateka war Buffalo Hump, der mit seinem „Großen Raubzug" von 1840 in die Geschichte einging. Den hatte er aus Rache für den berüchtigten „Council House Fight" in San Antonio verübt. Dabei waren im selben Jahr insgesamt 35 Comanchen getötet und nach verschiedenen Quellen 27–32 gefangen genommen worden. 7 Texaner hatten ihr Leben verloren.[264]

Um diesen Vorfall zu rächen, folgten Buffalo Hump mehr als 400 Krieger, vor allem Penateka-Comanchen.[265] Im August 1840 fielen sie zunächst in den Ort Victoria ein, wo sie ein Dutzend Einwohner töteten, sowie Vieh und an die 2000 Pferde raubten. Einige Tage später erreichten sie das Küstenstädtchen Linnville, damals der zweitgrößte Hafen in Texas. Die Bewohner flohen in den Hafen und suchten mit allen zur Verfügung stehenden Booten das Weite. Aus der Entfernung sahen sie, wie die Comanchen ihre Stadt plünderten und anzündeten. Das zerstörte Linnville wurde nicht wieder aufgebaut.[266]

Bei seinem Rachezug wurde Buffalo Hump von Santa Anna unterstützt, der ein ebenso mächtiger Anführer der Penateka war.[267] In den frühen 40er Jahren zogen sie gemeinsam mit anderen Anführern und ihren Kriegern eine Blutspur durch die östlichen Provinzen Mexikos. Hinter sich ließen sie verbrannte Dörfer mit hunderten zu Tode Gefolterten. Den Friedensvertrag, der 1844 mit einigen Penateka-Anführern in Texas geschlossen wurde, unterzeichnete Santa Anna nicht.[268] Einige Jahre später kam er allerdings doch zu der Überzeugung, dass weitere Kämpfe gegen die Weißen zwecklos seien. So wurde er im März 1847, neben Buffalo Hump, zu einem der wichtigsten Fürsprecher für das Friedensabkommen mit dem Adelsverein.[269]

Vor allem Quanah Parker weigerte sich zu kapitulieren und setzte mit seiner Kwahada-Gruppe den Kampf fort. Er war der letzte große traditionelle Comanchenhäuptling und gleichzeitig einer der bekanntesten Vertreter seines Stammes. Als Sohn des Anführers Peta Nocona und der entführten Weißen Cynthia Ann Parker trug er die Voraussetzungen in sich, später ein prominenter Vermittler beider Kulturen zu werden. Doch zunächst war er einer der hartnäckigsten Gegner eines Friedens mit den Weißen. Er führte den letzten großen Kampf mehrerer hundert Comanchen sowie verbündeter Cheyenne und Kiowas am 27. Juni 1874 bei Adobe Walls an, der für die Indianer, trotz hoher Überzahl, zu einer desaströsen Niederlage wurde.[270] Danach setzte die Armee den Comanchen derart zu, dass sich Parker schließlich im Juni 1875 mit 400 Kwahada ergab.[271] Sie gingen in die Reservation von Fort Sill im Indianerterritorium, aus dem später der Bundesstaat Oklahoma entstehen sollte.

Um die mageren Zuteilungen auf der Reservation aufzubessern, beschloss die Agentur einen Handel mit den Rinderzüchtern. Man verpachtete ihnen auf der Reservation Weideland für ihr Vieh, für das die Comanchen einige Tiere und Geld erhielten. Außerdem ergab sich für mehrere von ihnen eine Beschäftigungsmöglichkeit als Cowboy. Um diese Vereinbarung und das damit gewonnene sogenannte „Grasgeld" entbrannte unter den Anführern jedoch ein heftiger Streit. In dieser Ausei-

Bild 11. Quanah Parker, ganz rechts im Bild, als Teil einer Delegation von Comanchen in Washington, D.C. Nachdem er seinen Widerstand aufgegeben hatte, wurde Parker zu einem wichtigen Vermittler zwischen den beiden Kulturen. Er tat sich als Rancher, Geschäftsmann und Politiker hervor und setzte sich mit Nachdruck für die Belange seines Volkes ein.

nandersetzung gelang es Quanah Parker nicht nur seine Haltung durchzusetzen und seine Position zu behaupten, sondern auch als alleiniger oberster Anführer anerkannt zu werden, während der Einfluss anderer Gruppenführer immer weiter abnahm.[272]

Parker verstand es, das Beste aus der neuen Situation zu machen. Er betätigte sich erfolgreich als Rancher und Farmer, Geschäftsmann und Politiker und versuchte, sein Volk beim Übergang in die neue Zeit zu unterstützen. Vor allem lag ihm daran, dessen Bildungsmöglichkeiten zu erhöhen, ohne aber seine Traditionen preiszugeben. Er starb 1911.

Entwicklung bis zum Beginn des 20. Jahrhundert

In den 1890er Jahren entwickelte sich zwischen den gemeinsam auf der Fort-Sill-Reservation lebenden Comanchen, Kiowas und Plains-Apachen eine engere Zusammenarbeit. Diese drei Stämme sprachen über Probleme der gesamten Reservatsbevölkerung und gründeten am Ende des Jahrhunderts einen eigenen Ausschuss für wirtschaftliche Angelegenheiten.[273]

1901 wurde die Reservation jedoch aufgelöst und jeder erwachsene Comanche erhielt eine Landzuteilung. Nach Parkers Tod hatten mehrere Anführer ihren Anspruch als oberster Häuptling angemeldet. Doch die Agenten verwiesen darauf, dass es mit der Auflösung der Reservation für diese Position keinen Bedarf mehr gebe.[274] Gegen Ende des 20. Jahrhundert gab es etwa 8500 Comanchen, von denen ca. 60 % nicht weit ihres Stammeszentrums in Lawton, Oklahoma, leben. Die restlichen verteilen sich auf das gesamte Gebiet der Vereinigten Staaten.[275]

1 Gabriele Wengler: Terra-X: Hermann, der Apache. Ein Deutscher unter Indianern, TV-Sendung des ZDF am 21.2.2016, in der ZDF-Mediathek abrufbar bis 22.2.2026.
2 Dale F. Giese: Foreword, in: Herman Lehmann: Nine years among the Indians, (Hg.: J. Marvin Hunter) 1927/1993, S. ix.
3 A.a.O., S.x.
4 Bernd Brunner: Nach Amerika. Die Geschichte der deutschen Auswanderung, 2009, S. 8, 12.
5 A.a.O., S. 137f.
6 Alexander Emmerich: Die Geschichte der Deutschen in Amerika. Von 1680 bis zur Gegenwart. 2010, S. 94.
7 Bernd Brunner: Nach Amerika. Die Geschichte der deutschen Auswanderung, 2009, S. 141ff.
8 A.a.O., S. 141.
9 Moritz Tiling: The German Element in Texas from 1820 to 1850 and historical sketches of the German Texas Singers' League and Houston Turnverein from 1853 to 1913, 1913, S. 43.
10 Alexander Emmerich: Die Geschichte der Deutschen in Amerika. Von 1680 bis zur Gegenwart, 2010, S. 95.
11 Alexander Emmerich: Geschichte der USA, 2008/2013, S. 58.
12 Alexander Emmerich: Die Geschichte der Deutschen in Amerika. Von 1680 bis zur Gegenwart, 2010, S. 103.
13 Emmerich 2008/2013, S. 58; Emmerich 2010, S. 103.
14 Moritz Tiling: The German Element in Texas from 1820 to 1850 and historical sketches of the German Texas Singers' League and Houston Turnverein from 1853 to 1913, 1913, S. 95–107.
15 Alexander Emmerich: Die Geschichte der Deutschen in Amerika. Von 1680 bis zur Gegenwart, 2010, S. 103.
16 Moritz Tiling: The German Element in Texas from 1820 to 1850 and historical sketches of the German Texas Singers' League and Houston Turnverein from 1853 to 1913, 1913 , S. 108.
17 Bernd Brunner: Nach Amerika. Die Geschichte der deutschen Auswanderung, 2009, S. 143.
18 A.C. Greene: The last Captive, 1972/2003, S. xix–xx.
19 Jonathan H. Jones: A condensed History of the Apache and Comanche Indian tribes, 1899, S. 12.
20 Herman Lehmann: Nine years among the Indians, (Hg.: J. Marvin Hunter) 1927/1993, S. 2f.
21 A.a.O., S. 5.
22 Jonathan H. Jones: A condensed History of the Apache and Comanche Indian tribes, 1899, S. 214.
23 Herman Lehmann: Nine years among the Indians, (Hg.: J. Marvin Hunter) 1927/1993, S. 14.
24 A.a.O., S. 18.
25 A.a.O., S. 19.
26 James L. Haley: Apaches. A History and Culture Portrait, 1981/1997, S. 120.
27 Ebd.
28 Juliane Geißler: Herman, der Comanche: Die Verwandlung eines deutschen Siedlerjungen in einen Reiterkrieger, in: Marin Trenk: Weiße Indianer. Grenzgänger zwischen den Kulturen in Nordamerika, 2009, S. 179.
29 Herman Lehmann: Nine years among the Indians, (Hg.: J. Marvin Hunter) 1927/1993, S. 28.
30 A.a.O., S. 23.
31 J. Norman Heard: White into Read. A Study of the Assimilation of White Persons Captured by Indians, 1973, S. 40.
32 Herman Lehmann: Nine years among the Indians, (Hg.: J. Marvin Hunter) 1927/1993, S. 25.
33 A.a.O., S. 30.
34 A.a.O., S. 31.

35 Jonathan H. Jones: A condensed History of the Apache and Comanche Indian tribes, 1899, S. 218.
36 A.a.O., S. 221.
37 A.a.O., S. 39.
38 Herman Lehmann: Nine years among the Indians, (Hg.: J. Marvin Hunter) 1927/1993, S. 33.
39 A.a.O., S. 40.
40 A.a.O., S. 41.
41 A.a.O., S. 45.
42 A.a.O., S. 46.
43 Jonathan H. Jones: A condensed History of the Apache and Comanche Indian tribes, 1899, S. 91.
44 A.a.O., S. 93.
45 A.a.O., S. 93f.
46 A.a.O., S. 56.
47 A.a.O., S. 72.
48 Herman Lehmann: Nine years among the Indians, (Hg.: J. Marvin Hunter) 1927/1993, S. 49.
49 A.a.O., S. 49f.
50 A.a.O., S. 51.
51 A.a.O., S. 55.
52 A.a.O., S. 58.
53 Reinhold Krüger: Schwitzbäder Nordamerikas. Ethnologia Americana, Sonderheft Nr. 6, 2006.
54 C.L. Sonnichsen: The Mescalero Apaches, 1958/1986, S. 26.
55 Zitiert in Giese: Foreword, in: Herman Lehmann: Nine years among the Indians, (Hg.: J. Marvin Hunter) 1927/1993, S. xvii.
56 Morris E. Opler: Apache. in: Lawrence E. Sullivan (Hg.): Native American Religions. North America, 1987, S. 65.
57 a.a.O., S. 67; Morris E. Opler: The Apachean Culture Pattern and its Origins. In: Alfonso Ortiz (Hg.): Handbook of North American Indians, Band 10, 1983, S. 372f.
58 Herman Lehmann: Nine years among the Indians, (Hg.: J. Marvin Hunter) 1927/1993, S. 80.
59 Ebd.
60 Rainer Kottmann: Der Sunrise Dance. Die Mädchenpubertätszeremonie bei den Apachen, in: Amerindian Research Nr. 55, 2020, S. 11–15.
61 Herman Lehmann: Nine years among the Indians, (Hg.: J. Marvin Hunter) 1927/1993, S. 80f.
62 A.a.O., S. 115.
63 Thomas Jeier: Das große Buch vom Wilden Westen, 2011, S. 228f.
64 Herman Lehmann: Nine years among the Indians, (Hg.: J. Marvin Hunter) 1927/1993, S. 99.
65 A.a.O., S. 100.
66 Jonathan H. Jones: A condensed History of the Apache and Comanche Indian tribes, 1899, S. 47.
67 Herman Lehmann: Nine years among the Indians, (Hg.: J. Marvin Hunter) 1927/1993, S. 100f.
68 A.a.O., S. 100–102.
69 A.a.O., S. 102.
70 Alexander Emmerich: Geschichte der USA, 2008/2013, S. 84ff.
71 Thomas W. Kavanagh: Comanche, in: Raymond J. DeMallie (Hg.): Handbook of North American Indians, Band 13, 2001, S. 889.
72 Herman Lehmann: Nine years among the Indians, (Hg.: J. Marvin Hunter) 1927/1993, S. 115.
73 Jonathan H. Jones: A condensed History of the Apache and Comanche Indian tribes, 1899, S. 122f.
74 Herman Lehmann: Nine years among the Indians, (Hg.: J. Marvin Hunter) 1927/1993 S. 116.
75 A.a.O., S. 116.
76 A.a.O., S. 118.
77 Jonathan H. Jones: A condensed History of the Apache and Comanche Indian tribes, 1899, S. 69.
78 Herman Lehmann: Nine years among the Indians, (Hg.: J. Marvin Hunter) 1927/1993, S. 126.
79 A.a.O., S. 127f.

80 A.a.O., S. 128.
81 A.a.O., S. 133.
82 A.a.O., S. 135.
83 A.a.O., S. 136.
84 Jonathan H. Jones: A condensed History of the Apache and Comanche Indian tribes, 1899, S. 149.
85 Herman Lehmann: Nine years among the Indians, (Hg.: J. Marvin Hunter) 1927/1993, S. 142.
86 A.a.O., S. 143.
87 Jonathan H. Jones: A condensed History of the Apache and Comanche Indian tribes, 1899, S. 152.
88 Herman Lehmann: Nine years among the Indians, (Hg.: J. Marvin Hunter) 1927/1993, S. 146.
89 Für Lehmanns Comanchennamen existieren mehrere Schreibweisen. So benutzt die Version von 1927 zwar die Bezeichnung „Montechena", ein im Anhang veröffentlichter Brief des Indianerkommissars Tonner nennt Lehmann jedoch „Montechema". Und in der ersten Fassung von 1899 heißt er „Montechina". Allerdings wird in dieser frühen Version behauptet, Lehmann wäre bereits bei den Apachen so gerufen worden (Jones, S. 137), zusätzlich zu seinem eigentlichen Namen „Indot" (in der Ausgabe von 1927: „En Da"). Dementsprechend berichtet die erste Version auch nicht, dass er beim Wechsel zu den Comanchen diesen Namen erhalten hätte.
90 Herman Lehmann: Nine years among the Indians, (Hg.: J. Marvin Hunter) 1927/1993, S. 147.
91 Jonathan H. Jones: A condensed History of the Apache and Comanche Indian tribes, 1899, S. 152.
92 Donald E. Worcester: Die Apachen. Adler des Südwestens, 1982, S. 19; James L. Haley: Apaches. A History and Culture Portrait, 1981/1997, S. 66.
93 Herman Lehmann: Nine years among the Indians, (Hg.: J. Marvin Hunter) 1927/1993, S. 149f.
94 Jonathan H. Jones: A condensed History of the Apache and Comanche Indian tribes, 1899, S. 52f.
95 Thomas Jeier: Das große Buch der Indianer, 2011, S. 206.
96 Dale F. Giese: Foreword, in: Herman Lehmann: Nine years among the Indians, (Hg.: J. Marvin Hunter) 1927/1993, S. xi.
97 Morris E. Opler: The Apachean Culture Pattern and its Origins, in: Alfonso Ortiz (Hg.): Handbook of North American Indians, Band 10, 1983, S. 370–372.
98 James L. Haley: Apaches. A History and Culture Portrait, 1981/1997, S. 156.
99 Ernest Wallace und E. Adamson Hoebel: The Comanches. Lords of the South Plains, 1952, S. 93.
100 A.a.O., S. 214.
101 Herman Lehmann: Nine years among the Indians, (Hg.: J. Marvin Hunter) 1927/1993, S. 63.
102 A.a.O., S. 177.
103 A.a.O.S. 63.
104 Morris E. Opler: The Apachean Culture Pattern and its Origins. In: Alfonso Ortiz (Hg.): Handbook of North American Indians, Band 10, 1983, S. 370.
105 Herman Lehmann: Nine years among the Indians, (Hg.: J. Marvin Hunter) 1927/1993, S. 176.
106 A.a.O., S. 177.
107 Ebd.
108 A.a.O., S. 27.
109 Morris E. Opler: An Apache Life-Way. The economic, social and religious Institutions of the Chiricahua Indians, 1941, S. 145.
110 Herman Lehmann: Nine years among the Indians, (Hg.: J. Marvin Hunter) 1927/1993, S. 38.
111 James L. Haley: Apaches. A History and Culture Portrait, 1981/1997, S. 147; Morris E. Opler: An Apache Life-Way. The economic, social and religious Institutions of the Chiricahua Indians, 1941, S. 410.
112 Horst Hartmann: Die Plains- und Prärieindianer Nordamerikas, 1973, S. 78.

113 Ernest Wallace und E. Adamson Hoebel: The Comanches. Lords of the South Plains, 1952, S. 234.
114 Horst Hartmann: Die Plains- und Prärieindianer Nordamerikas, 1973, S. 77.
115 Ernest Wallace und E. Adamson Hoebel: The Comanches. Lords of the South Plains, 1952, S. 138.
116 A.a.O., S. 138f.
117 Herman Lehmann: Nine years among the Indians, (Hg.: J. Marvin Hunter) 1927/1993, S. 178.
118 James L. Haley: Apaches. A History and Culture Portrait, 1981/1997, S. 122.
119 A.a.O., S. 125.
120 Morris E. Opler: An Apache Life-Way. The economic, social and religious Institutions of the Chiricahua Indians, 1941, S. 411.
121 Herman Lehmann: Nine years among the Indians, (Hg.: J. Marvin Hunter) 1927/1993, S. 178f.
122 Ernest Wallace und E. Adamson Hoebel: The Comanches. Lords of the South Plains, 1952, S. 119f.
123 Jonathan H. Jones: A condensed History of the Apache and Comanche Indian tribes, 1899, S. 84.
124 Herman Lehmann: Nine years among the Indians, (Hg.: J. Marvin Hunter) 1927/1993, S. 154.
125 A.a.O., S. 155f.
126 William W. Newcomb Jr. u. Thomas N. Campbell: Tonkawa, in: Raymond J. DeMallie (Hg.): Handbook of North American Indians, Band 13, 2001, S. 962; Frederick Drimmer: Captured by the Indians: 15 Firsthand Accounts, 1985, S. 19.
127 Alexander Emmerich: Geschichte der USA, 2008/2013, S. 86; Thomas Jeier: Das große Buch vom Wilden Westen, 2011, S. 160.
128 Gabriele Wengler: Terra-X: Hermann, der Apache. Ein Deutscher unter Indianern, TV-Sendung des ZDF am 21.2.2016.
129 Thomas Jeier: Das große Buch der Indianer, 2011, S. 168f.
130 Alexander Emmerich: Geschichte der USA, 2008/2013, S. 86.
131 Herman Lehmann: Nine years among the Indians, (Hg.: J. Marvin Hunter) 1927/1993, S. 171.
132 Alexander Emmerich: Geschichte der USA, 2008/2013, S. 87f.
133 H. Allen Anderson: Black Horse [Tu-Ukumah], in: Texas State Historical Association (Hg.): Handbook of Texas Online, https://www.tshaonline.org/handbook/entries/black-horse-tu-ukumah, abgerufen 15. Juni 2021.
134 Herman Lehmann: Nine years among the Indians, (Hg.: J. Marvin Hunter) 1927/1993, S. 171f.
135 H. Allen Anderson: Battle of Yellow House Canyon, in: Texas State Historical Association (Hg.): Handbook of Texas Online, https://www.tshaonline.org/handbook/entries/yellow-house-canyon-battle-of, abgerufen 15. Juni 2021.
136 Herman Lehmann: Nine years among the Indians, (Hg.: J. Marvin Hunter) 1927/1993, S. 173.
137 A.a.O., S. 186.
138 Thomas Jeier: Das große Buch vom Wilden Westen, 2011, S. 214; Alexander Emmerich: Geschichte der USA, 2008/2013, S. 86–89.
139 Gabriele Wengler: Terra-X: Hermann, der Apache. Ein Deutscher unter Indianern, TV-Sendung des ZDF am 21.2.2016.
140 Herman Lehmann: Nine years among the Indians, (Hg.: J. Marvin Hunter) 1927/1993, S. 187.
141 A.a.O., S. 188.
142 A.a.O., S. 232; Juliane Geißler: Herman, der Comanche: Die Verwandlung eines deutschen Siedlerjungen in einen Reiterkrieger, in: Marin Trenk: Weiße Indianer. Grenzgänger zwischen den Kulturen in Nordamerika, 2009, S. 182.
143 Herman Lehmann: Nine years among the Indians, (Hg.: J. Marvin Hunter) 1927/1993, S. 189.
144 A.a.O., S. 190.

145 A.a.O., S. 191.
146 A.a.O., S. 192.
147 Ebd.
148 A.a.O., S. 201.
149 Ebd.
150 A.a.O., S. 195.
151 A.a.O., S. 196.
152 A.a.O., S. 205.
153 A.a.O., S. 203.
154 Hunter, J. Marvin: Introductory, in: Herman Lehmann: Nine years among the Indians, (Hg.: J. Marvin Hunter) 1927/1993, S. xxii.
155 A.a.O., S. 206f.
156 A.a.O., S. 209.
157 A.a.O., S. 207.
158 Jonathan H. Jones: A condensed History of the Apache and Comanche Indian tribes, 1899, S. 225.
159 Herman Lehmann: Nine years among the Indians, (Hg.: J. Marvin Hunter) 1927/1993, S. 212f.
160 A.a.O., S. 234.
161 A.a.O., S. 235.
162 Jonathan H. Jones: A condensed History of the Apache and Comanche Indian tribes, 1899, S. 201f.
163 A.a.O., S. 203.
164 A.a.O., S. 205.
165 Herman Lehmann: Nine years among the Indians, (Hg.: J. Marvin Hunter) 1927/1993, S. 212.
166 Scott Zesch: The Captured. A true Story of Abduction by Indians on the Texas Frontier, 2004, S. 242.
167 Juliane Geißler: Herman, der Comanche: Die Verwandlung eines deutschen Siedlerjungen in einen Reiterkrieger, in: Marin Trenk: Weiße Indianer. Grenzgänger zwischen den Kulturen in Nordamerika, 2009, S. 184.
168 John Kuker: Herman Lehmann Capture, in: Fredericksburg's Friendly Blog (online auf https://c21sunset.wordpress.com/2010/08/31/herman-lehmann-capture/ 31.8.2010).
169 A.a.O.,; Scott Zesch: The Captured. A true Story of Abduction by Indians on the Texas Frontier, 2004, S. 242f., 278.
170 Gabriele Wengler: Terra-X: Hermann, der Apache. Ein Deutscher unter Indianern, TV-Sendung des ZDF am 21.2.2016.
171 Ebd.
172 Jonathan H. Jones: A condensed History of the Apache and Comanche Indian tribes. 1899, S. 230–233.
173 William Chebahtah und Nancy McGown Minor: Chevato. The Story of the Apache Warrior who captured Herman Lehmann, 2007, S. 125.
174 John Kuker: Herman Lehmann Capture, in: Fredericksburg's Friendly Blog (online auf https://c21sunset.wordpress.com/2010/08/31/herman-lehmann-capture/ 31.8.2010).
175 Jonathan H. Jones: A condensed History of the Apache and Comanche Indian tribes, 1899, S. 13.
176 William Chebahtah und Nancy McGown Minor: Chevato. The Story of the Apache Warrior who captured Herman Lehmann, 2007, S. 125.
177 A.a.O., S. 112f.
178 A.a.O., S. 124f.
179 Herman Lehmann: Nine years among the Indians, (Hg.: J. Marvin Hunter) 1927/1993, S. 175.
180 Jonathan H. Jones: A condensed History of the Apache and Comanche Indian tribes, 1899, S. 184.
181 Herman Lehmann: Nine years among the Indians, (Hg.: J. Marvin Hunter) 1927/1993, S. 232.
182 Gabriele Wengler: Terra-X: Hermann, der Apache. Ein Deutscher unter Indianern, TV-Sendung des ZDF am 21.2.2016.
183 Scott Zesch: The Captured. A true Story of Abduction by Indians on the Texas Frontier, 2004, S. 2.
184 A.a.O., S. 19.
185 A.a.O., S. 19f.
186 A.a.O., S. 178f.

187 A.a.O., S. 190ff.
188 A.a.O., S. 199.
189 A.a.O., S. 241f.
190 A.a.O., S. 291.
191 A.a.O., S. 292.
192 A.a.O., S. 292f.
193 A.a.O., S. 285.
194 A.a.O., S. 297.
195 Juliane Geißler: Gefangene zweier Kulturen: Cynthia Ann Parker, eine texanische Legende, in: Marin Trenk: Weiße Indianer. Grenzgänger zwischen den Kulturen in Nordamerika, 2009, S. 170.
196 Ebd.
197 A.a.O., S. 172.
198 S.C. Gwynne: Empire of the Summer Moon: Quanah Parker and the Rise and Fall of the Comanches, 2011, S. 107ff.
199 Juliane Geißler: Gefangene zweier Kulturen: Cynthia Ann Parker, eine texanische Legende, in: Marin Trenk: Weiße Indianer. Grenzgänger zwischen den Kulturen in Nordamerika, 2009, S. 173.
200 A.a.O., S. 173ff.
201 A.a.O., S. 174f.
202 A.a.O., S. 175.
203 A.a.O., S. 176.
204 Ebd.
205 A.a.O., S. 177.
206 Edwin R. Sweeney: Cochise. Chiricahua Apache Chief, 1991, S. 144f.
207 Dan L. Thrapp: The Conquest of Apacheria, 1967, S. 332.
208 Edwin R. Sweeney: From Cochise to Geronimo. The Chiricahua Apaches 1874–1886, 2010, S. 371f.
209 Edwin R. Sweeney: Cochise. Chiricahua Apache Chief, 1991, S. 427.
210 Scott Zesch: The Captured. A true Story of Abduction by Indians on the Texas Frontier, 2004, S. 121f.
211 J. Norman Heard: White into Red. A Study of the Assimilation of White Persons Captured by Indians, 1973, S. 107.
212 A.a.O., S. 108f.; Gregor Lutz: Santiago McKinn – Entführt von Apachen! in: Amerindian Research Nr. 31, 2014, S. 14–19.
213 Gabriele Wengler: Terra-X: Hermann, der Apache. Ein Deutscher unter Indianern, TV-Sendung des ZDF am 21.2.2016.
214 Scott Zesch: The Captured. A true Story of Abduction by Indians on the Texas Frontier, 2004, S. 297.
215 Juliane Geißler und Marin Trenk: Erst Folter, dann Adoption – der Comanche-Weg der kulturellen Konversion, in: Marin Trenk: Weiße Indianer. Grenzgänger zwischen den Kulturen in Nordamerika, 2009, S. 167.
216 J. Norman Heard: White into Red. A Study of the Assimilation of White Persons Captured by Indians, 1973, S. 109f.
217 Scott Zesch: The Captured. A true Story of Abduction by Indians on the Texas Frontier, 2004, S. 85.
218 Ebd.
219 A.a.O., S. 123.
220 Gabriele Wengler: Terra-X: Hermann, der Apache. Ein Deutscher unter Indianern, TV-Sendung des ZDF am 21.2.2016.
221 Scott Zesch: The Captured. A true Story of Abduction by Indians on the Texas Frontier, 2004 , S. 122.
222 A.a.O., S. 124.
223 A.a.O., S. 139.
224 Ebd.
225 Juliane Geißler und Marin Trenk: Erst Folter, dann Adoption – der Comanche-Weg der kulturellen Konversion, in: Marin Trenk: Weiße Indianer. Grenzgänger zwischen den Kulturen in Nordamerika, 2009, S. 163. Dieses Phänomen wurde auch im 20. Jahrhundert an Entführungsopfern beobachtet und erhielt den Namen „Stockholm-Syndrom". Die Bezeichnung geht auf eine Geiselnahme in der schwedischen Hauptstadt 1973 zurück. Damals zeigten die gefangen gehaltenen Angestellten einer Bank nach und nach immer mehr Verständnis und Sympathie für ihre Entführer.
226 A.a.O., S. 166.

227 A.a.O., S. 168.
228 J. Norman Heard: White into Red. A Study of the Assimilation of White Persons Captured by Indians, 1973, S. 89ff.
229 Wolfgang Lindig: Nordamerika. Von der Beringstraße bis zum Isthmus von Tehuantepec, in: Wolfgang Lindig und Mark Münzel: Die Indianer. Kultur und Geschichte (Band 1), 1976/1987, S. 189.
230 Rainer Kottmann: Die großen Häuptlinge der Apachen, 2017, S. 17f.
231 Wolfgang Lindig (Hg.): Lexikon der Völker. Regionalkulturen in unserer Zeit, 1986, S. 29.
232 James L. Haley: Apaches. A History and Culture Portrait, 1981/1997, S. 90–94.
233 A.a.O., S. 94–98; Morris E. Opler: The Apachean Culture Pattern and its Origins, in: Alfonso Ortiz (Hg.): Handbook of North American Indians, Band 10 Southwest, 1983, S. 370.
234 James L. Haley: Apaches. A History and Culture Portrait, 1981/1997, S. 116.
235 Morris E. Opler: The Apachean Culture Pattern and its Origins, in: Alfonso Ortiz (Hg.): Handbook of North American Indians, Band 10 Southwest, 1983. S. 373.
236 A.a.O., S. 375; James L. Haley: Apaches. A History and Culture Portrait, 1981/1997, S. 116ff.
237 Donald E. Worcester: Die Apachen. Adler des Südwestens, 1982, S. 22.
238 A.a.O., S. 37.
239 A.a.O., S. 50f.
240 Gregor Lutz: 27 Jahre Kriegsgefangenschaft. Geronimo und der Apachen Widerstand, 2012, S. 8, 21; Morris E. Opler: The Apachean Culture Pattern and its Origins, in: Alfonso Ortiz (Hg.): Handbook of North American Indians, Band 10 Southwest, 1983. S. 369.
241 Morris E. Opler: Ebd.
242 Rainer Kottmann: Die großen Häuptlinge der Apachen, 2017, S. 40–70, S. 71–99.
243 Trudy Griffin-Pierce: Native Peoples of the Southwest, 2000, S. 384, 387f.
244 A.a.O., 381.
245 A.a.O.., S. 381, 387.
246 Gregor Lutz: 27 Jahre Kriegsgefangenschaft. Geronimo und der Apachen Widerstand, 2012, S. 68.
247 Trudy Griffin-Pierce: Native Peoples of the Southwest, 2000, S. 385.
248 Bureau of Indian Affairs, in: Mary B. Davis (Hg.): Native America in the Twentieth Century, 1996, S. 45.
249 Ernest Wallace und E. Adamson Hoebel: The Comanches. Lords of the Plains, 1952, S. 22; Juliane Geißler und Marin Trenk: Erst Folter, dann Adoption – der Comanche-Weg der kulturellen Konversion, in: Marin Trenk: Weiße Indianer. Grenzgänger zwischen den Kulturen in Nordamerika, 2009, S. 163.
250 Geißler und Trenk: A.a.O., S. 164.
251 Ernest Wallace und E. Adamson Hoebel: The Comanches. Lords of the Plains, 1952, S. 25ff., S. 73f.
252 Wolfgang Lindig: Lexikon der Völker. Regionalkulturen in unserer Zeit, 1986, S. 84.
253 Rudolf Oeser: Das Pferd und die Herausbildung der Plainskultur, in: Amerindian Research Nr. 16, 2010, S. 77.
254 Thomas Jeier: Das große Buch der Indianer, 2011, S. 198.
255 Wolfgang Lindig: Lexikon der Völker. Regionalkulturen in unserer Zeit, 1986, S. 84.
256 Wolfgang Lindig: Nordamerika. Von der Beringstraße bis zum Isthmus von Tehuantepec, in: Wolfgang Lindig und Mark Münzel: Die Indianer. Kultur und Geschichte (Band 1), 1976/1987, S. 149.
257 Juliane Geißler und Marin Trenk: Erst Folter, dann Adoption – der Comanche-Weg der kulturellen Konversion, in: Marin Trenk: Weiße Indianer. Grenzgänger zwischen den Kulturen in Nordamerika, 2009, S. 164.
258 A.a.O., S. 164f.
259 A.a.O., S. 165.
260 A.a.O., S. 166.

261 Wolfgang Lindig: Nordamerika. Von der Beringstraße bis zum Isthmus von Tehuantepec, in: Wolfgang Lindig und Mark Münzel: Die Indianer. Kultur und Geschichte (Band 1), 1976/1987, S. 145.

262 A.a.O., S. 175.

263 Horst Hartmann: Die Plains- und Prärieindianer Nordamerikas, 1973, S. 88–91; Thomas W. Kavanagh: Comanche, in: Raymond J. DeMallie (Hg.): Handbook of North American Indians, Band 13 Plains, 2001, S. 895f.

264 Thomas W. Kavanagh: A.a.O., S. 888; S.C. Gwynne: Empire of the Summer Moon: Quanah Parker and the Rise and Fall of the Comanches, 2011, S. 86. Im März 1840 waren Comanchen in der Stadt erschienen, um, wie sie dachten, Friedensgespräche zu führen, doch für die Texaner ging es in erster Linie um die Rückgabe von Gefangenen. Um ihrer Forderung Nachdruck zu verleihen, versuchten die Weißen mehrere Comanchen als Geiseln zu nehmen. Es kam zum Handgemenge, das schließlich in einem Massaker endete.

265 S.C. Gwynne: A.a.O., S. 91, 93.

266 A.a.O., S. 94ff.

267 A.a.O., S. 93.

268 A.a.O., S. 115.

269 Moritz Tiling: The German Element in Texas from 1820 to 1850 and historical sketches of the German Texas Singers' League and Houston Turnverein from 1853 to 1913, 1913, , S. 98, 103f.

270 Thomas Kavanagh: Comanche, in: Raymond J. DeMallie (Hg.): Handbook of North American Indians, Band 13 Plains, 2001, S. 889.

271 Ebd.; Ernest Wallace und E. Adamson Hoebel: The Comanches. Lords of the Plains, 1952, S. 3, S. 327f.

272 Thomas Kavanagh: Comanche, in: Raymond J. DeMallie (Hg.): Handbook of North American Indians, Band 13 Plains, 2001, S. 898.

273 Ebd.

274 A.a.O., S. 899.

275 Lotsee Patterson: Comanche, in: Mary B. Davis (Hg.): Native America in the twentieth Century. An Encyclopedia, 1996, S. 128f.

Anderson, H. Allen: Battle of Yellow House Canyon, in: Texas State Historical Association (Hg.): Handbook of Texas Online, https://www.tshaonline.org/handbook/entries/yellow-house-canyon-battle-of

Anderson, H. Allen: Black Horse [Tu-Ukumah], in: Texas State Historical Association (Hg.): Handbook of Texas Online, https://www.tshaonline.org/handbook/entries/black-horse-tu-ukumah

Brunner, Bernd: Nach Amerika. Die Geschichte der deutschen Auswanderung, München 2009.

Chebahtah, William und *McGown Minor, Nancy:* Chevato: the Story of the Apache Warrior who captured Herman Lehmann, Lincoln, Nebraska 2007.

Cole, D. C.: Apache, in: Mary B. Davis (Hg.): Native America in the twentieth Century. An Encyclopedia, New York u. London 1996, S. 44–48.

Davis, Mary B. (Hg.): Native America in the Twentieth Century, New York u. London 1996.

DeMallie, Raymond J. (Hg.): Handbook of North American Indians, Band 13 Plains, Washington, D.C. 2001.

Drimmer, Frederick: Captured by the Indians: 15 Firsthand Accounts, 1750–1870, New York 1961/1985.

Drimmer, Frederick: Skalps und Tomahawks. Erlebnisberichte aus indianischer Gefangenschaft, Würzburg 1966.

Emmerich, Alexander: Geschichte der USA, Stuttgart 2008/2013.

Emmerich, Alexander: Die Geschichte der Deutschen in Amerika. Von 1680 bis zur Gegenwart, Köln, 2010.

Greene, A. C.: The last Captive, Austin, Texas 1972.

Geißler, Juliane und *Trenk, Marin:* Erst Folter, dann Adoption – der Comanche-Weg der kulturellen Konversion, in: Marin Trenk: Weiße Indianer: die Grenzgänger zwischen den Kulturen in Nordamerika, Wismar 2009, S. 163–168.

Geißler, Juliane: Gefangene zweier Kulturen: Cynthia Ann Parker, eine texanische Legende, in: Marin Trenk: Weiße Indianer: die Grenzgänger zwischen den Kulturen in Nordamerika, Wismar 2009, S. 169–177.

Geißler, Juliane: Herman, der Comanche: Die Verwandlung eines deutschen Siedlerjungen in einen Reiterkrieger, in: Marin Trenk: Weiße Indianer: die Grenzgänger zwischen den Kulturen in Nordamerika, Wismar 2009, S. 178–184.

Giese, Dale F.: Foreword, in: Herman Lehmann: Nine years among the Indians, 1870–1879. The Story of the Captivity and Life of a Texan among the Indians, (Hg.: J. Marvin Hunter) Austin 1927/1993, S. ix-xix.

Griffin-Pierce, Trudy: Native Peoples of the Southwest, Albuquerque 2000.

Gwynne, S.C.: Empire of the Summer Moon: Quanah Parker and the Rise and Fall of the Comanches, New York 2011.

Haley, James L.: Apaches. A History and Culture Portrait, Norman 1981/1997.

Hämäläinen, Pekka: The Comanche Empire, New Haven u. London 2008.

Hartmann, Horst: Die Plains- und Prärieindianer Nordamerikas, Berlin 1973.

Heard, J. Norman: White into Red. A Study of the Assimilation of White Persons Captured by Indians, Metuchen, New Jersey 1973.

Hunter, J. Marvin: Introductory, in: Herman Lehmann: Nine years among the Indians, (Hg.: J. Marvin Hunter) 1927/1993, S. xxi-xxiii.

Jeier, Thomas: Das große Buch der Indianer, Wien 2011.

Jeier, Thomas: Das große Buch vom Wilden Westen, Wien 2011.

Jones, Jonathan H.: A condensed history of the Apache and Comanche Indian tribes, New York 1899/1976.

Kavanagh, Thomas W.: Comanche, in: Raymond J. DeMallie (Hg.): Handbook of North American Indians, Band 13 Plains, Washington, D.C. 2001, S. 886–906.

Kottmann, Rainer: Die großen Häuptlinge der Apachen. Mangas Coloradas – Cochise – Victorio – Geronimo, Berlin 2017.

Kottmann, Rainer: Der Sunrise Dance. Die Mädchenpubertätszeremonie bei den Apachen, in: Amerindian Research Nr. 55 (2020), S. 11–15.

Krüger, Reinhold: Schwitzbäder Nordamerikas. Ethnologia Americana, Sonderheft Nr. 6, Düsseldorf 2006.

Kuker, John: Herman Lehmann Capture, in: Fredericksburg's Friendly Blog, online auf: https://c2sunset.wordpress.com/2010/08/31/herman-lehmann-capture/

Lehmann, Herman: Nine years among the Indians, 1870–1879. The story of the captivity and life of a Texan among the Indians, (Hg.: J. Marvin Hunter) Austin 1927/1993.

Lehmann, Herman: Neun Jahre unter den Indianern, 1870–1879, (Hg.: J. Marvin Hunter/Übersetzung: Bernhard Rubenbauer) Ammerthal 2016.

Lindig, Wolfgang: Nordamerika. Von der Beringstraße bis zum Isthmus von Tehuantepec, in: Wolfgang Lindig und Mark Münzel: Die Indianer. Kultur und Geschichte (Band 1), München 1976/1987.

Lindig, Wolfgang (Hg.): Lexikon der Völker. Regionalkulturen in unserer Zeit, München 1986.

Lutz, Gregor: 27 Jahre Kriegsgefangenschaft. Geronimo und der Apachen Widerstand, Norderstedt 2012.

Lutz, Gregor: Santiago McKinn – Entführt von Apachen! in: Amerindian Research Nr. 31 (2014), S. 14–19.

Newcomb Jr., William W. und Campbell, Thomas N.: Tonkawa, in: Raymond J. DeMallie (Hg.): Handbook of North American Indians, Band 13 Plains, Washington, D.C. 2001, S. 953–964.

Oeser, Rudolf: Das Pferd und die Herausbildung der Plainskultur, in: Amerindian Research Nr. 16 (2010), S. 74–85.

Opler, Morris E.: An Apache Life-Way. The Economic, Social and Religious Institutions of the Chiricahua Indians, Chicago 1941/1996.

Opler, Morris E.: The Apachean Culture Pattern and its Origins, in: Alfonso Ortiz (Hg.): Handbook of North American Indians, Band 10 Southwest, Washington, D.C. 1983, S. 368–392.

Opler, Morris E.: Apache, in: Lawrence E. Sullivan (Hg.): Native American Religions. North America, New York 1987, S. 65–68.

Ortiz, Alfonso (Hg.): Handbook of North American Indians, Band 10 Southwest, Washington, D.C. 1983.

Patterson, Lotsee: Comanche, in: Mary B. Davis (Hg.): Native America in the twentieth Century. An Encyclopedia, New York u. London 1996, S. 128f.

Sonnchisen, C.L.: The Mescalero Apaches, Norman u. London 1958/1986.

Sweeney, Edwin R.: Cochise. Chiricahua Apache Chief, Norman u. London 1991.

Sweeney, Edwin R.: From Cochise to Geronimo. The Chiricahua Apaches 1874–1886, Norman 2010.

Thrapp, Dan L.: The Conquest of Apacheria, Norman 1967.

Tiling, Moritz: The German Element in Texas from 1820 to 1850 and historical sketches of the German Texas Singers' League and Houston Turnverein from 1853 to 1913, Houston 1913.

Trenk, Marin: Weiße Indianer: die Grenzgänger zwischen den Kulturen in Nordamerika, Wismar 2009.

Wallace, Ernest und *Hoebel, Adamson E.:* The Comanches. Lords of the Southern Plains, Norman 1958/1986.

Wengler, Gabriele: Terra-X: Hermann, der Apache. Ein Deutscher unter Indianern, TV-Sendung des ZDF am 21.2.2016 (https://www.zdf.de/dokumentation/terra-x/herman-lehmann-der-apache-ein-deutscher-unter-indianern-im-100.html – in der ZDF-Mediathek abrufbar bis 22.2.2026).

Worcester, Donald E.: Die Apachen. Adler des Südwestens, Düsseldorf u. Wien 1982.

Zesch, Scott: The Captured. A true Story of Abduction by Indians on the Texas Frontier, New York 2004.

University of Texas at San Antonio (UTSA)
Abbildung vordere Klappe und Seite 7: Special Collections: 077-0363

National Archives and Records Administration, Washington, D.C.:
Abb. 1: 111-SC-82324
Abb. 2: 111-SC-83717
Abb. 4: 111-SC-85779

Wikimedia Commons:
Abb. 3: gemeinfrei nach CC0 Lizenz, Missouri History Museum (MHS Open Access Policy, http://collections.mohistory.org/resource/152876), Fotograf: George A. Addinson (1853–1937), Aufnahme: 1890–1895;

Library of Congress, Washington, D.C.:
Abb. 5: National Photo Company Collection, LC-USZ62-113865, Fotograf unbekannt, Aufnahme: 1880–1910;
Abb. 6: LC-USZ62-2050, Fotograf unbekannt, Aufnahme: ca. 1911;
Abb. 7: National Photo Company Collection, LC-USZ62-98166, Fotograf unbekannt, Aufnahme: vor 1911;
Abb. 8: LC-USZ62-38282, Fotograf: John P. Soule (1828–1904), Aufnahme: ca. 1873;
Abb. 9: Civil War Collection, LC-USZ62-77935, Fotograf unbekannt, Aufnahme: 1862–1866;
Abb. 10: LC-USZ62-52637, Fotograf: C.S. Fly (1849–1901), Aufnahme: März 1886;
Abb. 11: LC-DIG-ppmsca-05076, Fotograf: C.M. Bell, Aufnahme: 1880–1897;

Die Abbildungen sind von den genannten Institutionen für den Abdruck frei gegeben bzw. ihre Schutzfrist ist abgelaufen. Einzelne Rechteinhaber, die nicht ausfindig gemacht werden konnten, wenden sich bei etwaigen Ansprüchen bitte an den Verlag bzw. den Autor.

Rainer Kottmann beschäftigte sich als Ethnologe vor allem mit Südasien und verfasste zahlreiche Artikel über das europäische Mittelalter und die Germanen. Doch am meisten begeistert er sich für die nordamerikanischen Indianer. Aber auch die gebrochenen Lebensläufe weißer und mexikanischer Menschen, die von Indianern entführt wurden, gehören zu seinem Forschungsfeld.

Bereits im Vergangenheitsverlag erschienen:
Die großen Häuptlinge der Apachen. Mangas Coloradas – Cochise – Victorio – Geronimo